すぐ動くコツ

フットワークが軽くなる93のきっかけ

植西聰

自由国民社

まえがき

「やらなければならないことがたくさんあるのに、すぐ動けない」

「仕事の締め切りが近づいているのに、グズグズしてしまう」

「このままではいけないと思いながら、やる気が出ない」

こんなことを言う人がたくさんいます。

頭ではわかっているのですが、体が動かないのです。

意欲がわいてこないのです。

そんな**「すぐ動けない」という人たちのために、「すぐ動く」ためのコツをアドバイスするのが本書の目的です。**


人の人生は「行動すること」によって築き上げられていきます。

夢を叶えるにも、幸せを手にするにも、それに向かって動き出すということで、やがてそれを手にできるのです。

立ち止まったままグズグズしているのでは、夢や幸せを手にすることはできないのです。

それにもかかわらず、夢や幸せへ向かって動き出せないでいる人も、実は、少なくないのです。

しかし、これらの人たちは、夢を叶えることや、幸せになることを望んでいない、ということではありません。

心では望んでいるのです。

しかし、動き出せないのです。

その理由は様々です。

「失敗するのが怖い」ということもあるでしょう。

「性格的に優柔不断で、すぐに動き出せない」という人もいます。

「自分に自信が持てない。そのためにグズグズしてしまうことが多い」という人もいます。

「がんばりすぎてしまって、疲れ果ててしまった」という場合もあるでしょう。

「動き出すための、きっかけをつかめない」ということもあります。

本書では、そのような理由を一つ一つ取り除いていこうと思っています。
そして、そっと背中を押してあげたいと考えています。
それが「すぐ動く」ためのきっかけになるでしょう。

いったん動き出せば、勢いが出ます。
最初の一歩を踏み出すのは勇気がいることかもしれませんが、動き出して勢いに乗れば、後は楽に前へ進んでいけます。

グズグズばかりしている自分に別れを告げて、すぐに動き出すためのきっかけを与えるというのが、本書の目的なのです。

著者

目次

第1章　「やりたくない」を乗り越える　15

第2章 「タイム・マネジメント能力」を高める 39

第3章　優柔不断と「どうせ……」を捨てる　63

第4章　すぐに動いて、チャンスをつかむ　85

第5章　自信がある人には、行動力がある　109

第6章　人生を楽しむ人は、すぐ動ける　133

第7章　結果を気にせず、まず動いてみる　157

第8章　自分に暗示をかけて、すぐ動く　179

第9章　「すぐ動く」ためのきっかけを作る　201

第1章

「やりたくない」を乗り越える

グズグズしているのは、大切な時間の無駄遣いになる

◆やりたくないことは早く片づけて、楽しいことをやる

「やりたくないこと」に対しては、人は往々にして、つい気持ちが後ろ向きになっていきがちです。

そこで、「あとでやればいいや」と後回しにしてしまう人もいるかもしれません。

グズグズしているうちに、そのまま何もやらずに済ませてしまう、ということもあるでしょう。

しかし、そのように「後回しにしてグズグズしている」「何もやらずに終わる」ということを繰り返している人は、幸せで充実した人生を実現することが難しくなってしまうでしょう。

充実した人生を楽しく生きている人たちには、共通した傾向があります。

それは何事にせよ、「すぐ動く」という習慣を身に着けている、ということです。

たとえ、それが「やりたくないこと」でも、すぐに動いて、サッサと片づけてしまいます。

ですから、「やりたくない」という心の重荷を、いつまでも引きずることはありません。

やりたくないことはサッサと片づけて、早く意識を「やりたいこと」「楽しいこと」に切り替えていくことができます。

その結果、より生産的な人生を実現していくことができるのです。

いつまでもグズグズしていることは、時間の無駄遣いでしかありません。

グズグズしている時間は、人生にとって有意義なものは何も生み出しません。

したがって、「やりたくないこと」だからこそ、サッサと片づけてしまう、という習慣を持つことが大切です。

やってみることで、その面白みがわかってくる

◆面白みを感じられるようになるまで、やってみる

人は「すぐ動く」ことによって、新しいものの見方ができるようになります。

これまでの価値観を変えていくことができるようになります。

たとえば、「やりたくないこと」に対しても、そうなのです。

仕事やプライベートの場で、「やりたくないこと」をしなければならない……ということを経験することがよくあると思います。

しかし、そこで「やりたくない」という気持ちを乗り越えて、すぐに行動してみます。そうすると、「やりたくない」と感じられていたことに、意外と面白いことがたくさんあることがわかってくる、という場合もあります。

「やりたくない」と思っていたことであっても、実際にやってみると興味を感じることが次々と見つかって、それをやっていくことが楽しく感じられてくる、ということもあるのです。

そういう意味から言っても、たとえ「やりたくない」ことであっても、すぐに動いてみる、ということが大切になってきます。

物理学者でありエッセイストだった寺田寅彦《てらだとらひこ》（19～20世紀）は、**「興味があるからやるというよりは、やるから興味ができる場合がどうも多いようである」**と述べました。

「人の興味や好奇心といったものは、やっていくうちに心に生じてくるものだ」という意味です。

言い換えれば、最初は「やりたくない」という思いばかりが強く、何の興味も感じられないものであっても、やっていくうちに面白みや興味を感じるようになる場合も多くある、ということなのです。

すぐに動くと、思いがけない発見を得られる

◆「食わず嫌い」の人生から抜け出す

「食わず嫌い」という言葉があります。

言葉通りの意味として言えば、「これまで食べたことがなく、どんな味かもわからないのに、『これは、マズい』と決め込んで嫌うこと」ということです。

そこから発展して、この言葉には、「あることをやりもしないうちから、『こんなことは面白くない。面倒臭いだけだ。何の価値もない』と決めつけて、やらずじまいで終わる」という意味になります。

「やりたくない」という思いにとらわれて、いつまでもグズグズしている……というタイプの人にも、実際には、この「食わず嫌い」をしているにすぎない、という人が

多いと思います。

実際にやってみれば、たくさんの面白みがあることもあり、興味をそそられる要素が多くあることもわかってきます。

また、有意義な価値があるということがわかってくることも多いでしょう。

しかし、それにもかかわらず、「これは私にとって、有意義な価値など何一つない」と決めつけて、「だから、やりたくない」といつまでもグズグズしてばかりしている人もいます。

すぐに動き、すぐにやってみることで、たくさんの**「思いがけない発見」**が生まれることもあります。

その「思いがけない発見」は、今後、自分の人生の可能性を大きく広げることに大いに役立つかもしれないのです。

そういう意味では、「食わず嫌い」のままで終わるのは、自分の人生にとって大きな損失になると思います。

思いがけない発見をするためにも、「すぐ動く」ことが必要です。

すぐできることから一つずつ片づけていく

◆やらなければならないことを小さく分割する

「やりたくない」という思いにとらわれて、いつまでもグズグズしている人がいます。

すぐにやらなければならない用事があるのですが、「やりたくない」という思いから、関係ないことばかりしてグズグズしてしまいます。

しかし、グズグズすればするほど、ますます「やりたくない」という気持ちが強まっていくばかりなのです。

その結果、「やらなければならないこと」は、どんどん後回しになっていきます。

これでは、生産性のある人生を築き上げていくことはできないでしょう。

充実した人生を実現するためには、「やらなければならないことはサッサと片づけていく」という習慣を身につけることが大切です。

きっと、「やりたくない」という思いが生じるのには、理由があると思います。

その理由を自分自身で把握して、的確な対処策を取ることが、「すぐ動く」ためのコツの一つになります。

たとえば、「やらなければならないことが多すぎる」という理由から、グズグズしてしまうことがあります。

「やらなければならないことが多すぎる」ということがプレッシャーになって、心にブレーキをかけてしまうのです。

こういうケースでは、**「やらなければならないこと」を小さく分割して、それを一つずつ片づけていく**、という方法があります。

一つ片づければ、少し「やらなければならないこと」が減ります。もう一つ片づければ、また「やらなければならないこと」が減っていきます。それに伴って、プレッシャーも和らぎます。そして「やりたくない」という気持ちも薄らいでいくのです。

今日やるべきことに集中する

◆あまり遠い先のことを考えない

「千里の道も一歩から」ということわざがあります。

「遠い道のりを行くような努力を積み重ねていくことであっても、まずは一つずつ着実に達成していくことが大切だ」という意味を表しています。

このことわざには、「すぐ動く」ためのコツが秘められているように思います。

たとえば、たくさんの時間と努力が必要になるような、何か大きなことを成し遂げようと思います。

その際に、あまり遠い先のことを考えないほうが賢明です。

なぜならば、「ゴールはあんな遠くにあるのか。やるべきことがたくさんある。私は、本当に、目標地点までたどり着くことができるだろうか」という不安な気持ちが生じてしまう場合があるからです。

それが精神的な重荷になって、行動力にブレーキをかけてしまうことになりかねないからです。

ですから、遠い先のことは考えずに、まずは「手近な一歩」を着実に達成することを考えます。

言い換えれば、今日やるべきことだけに意識を集中させるのです。

そのほうが、余計なプレッシャーを感じずに済みます。

グズグズすることなく、やるべきことをすぐ実行に移せるのです。

そうやって「手近な一歩」を着実に積み重ねていくことによって、いつか大きなことを成し遂げられる日がやってくるのです。

一つずつ、短い時間に区切って片づけていく

◆まずは40分で、どこからやるかを考えてみる

たとえば、一日8時間働くことにします。

その8時間の中で、10のことをしなければならないとします。

こういうケースで、いつもグズグズしていて、やるべきことをすぐにできない、というタイプの人は、この「10のこと」に意識を強く奪われてしまいがち……という特徴があります。

「『10のこと』を、今日中に終わらせないといけないのか。やることがたくさんある。ああ面倒だ」というネガティブな感情にとらわれてしまうのです。

そして、「面倒だ。やりたくない。どうしてこんなことをしなければならないのか」

と、意味のないことをボヤキながら、時間を無駄遣いしていきます。

その結果、８時間たっても、「10のこと」のうちまだほとんど終わっていない、ということになる場合も出てきます。

そうならないための方法として、**「やることと、それにかける時間を、小さく分割して目標を設定する」**というやり方があります。

たとえば、一日８時間のうち、お昼の休憩を１時間取るとすれば、実質的な労働時間は7時間です。分にすれば、４２０分です。４２０分で「10のこと」をするのであれば、一つのことにかかる時間は42分になります。

したがって、「一つのことを40分で終了する」という目標を立て、集中して取り組みます。一つのことを終えたら、２分ほど休憩して、また次のことに全力で集中します。

このように、漠然と「10のことをやらなければならない」と考えるよりも、「一つ一つのことを時間を区切ってやっていく」というように心がけるほうが、「面倒だ。やりたくない」という思いにとらわれずに済むのです。

最初の「5分」を無心になって集中する

◆最初の「5分」で勢いをつけて、その勢いに乗る

苦手意識があることをしなければならない時や、うまくいくかどうか自信が持てないことをする時には、人の心にはどうしても「やりたくない」という思いが重くのしかかってきます。

そのために、なかなか物事に取りかかることができず、いつまでもグズグズしていることになりがちです。

このようなケースでは、**「とりあえず5分だけ集中してやってみよう」**と考えることが有効な解決策の一つになります。

「今日一日、このことに従事しなければならない」と考えると、それが強いプレッシ

ャーとなって、心にブレーキをかけてしまうことになってしまいます。

特に、苦手意識があること、自信が持てないことに関しては、そのようなプレッシャーを強く感じることになると思います。

ですから、「とりあえず5分だけ～」と考えてみるのです。

「5分」であれば、それほど強いプレッシャーを感じずに済むと思います。

何事もそうですが、出だしが大切です。

最初の「5分」とは、いわば助走です。

そこで勢いがつけば、その勢いに乗って、心理的な負担を感じることなくその後もスムーズに物事を進めていくことができます。

ですから、最初の「5分」は余計なことは考えずに、無心になって物事に集中するのです。そうすれば、その後も、苦手意識や自信のなさに振り回されることなく、「やりたくない」という気持ちも消し去って、スムーズに物事を進めていくことができるのです。

「すぐできない原因」は、前頭葉《ぜんとうよう》が混乱することにある

◆「まず何をやるか」を決め、他のことは後回しにする

「やらなければならないことが一杯あって、いったい何から始めたらいいかわからない」と言う人がいます。

これは、人にはよく起こる、自然な現象なのです。

「やらなければならないことが一杯ある」という状況に陥ると、混乱してしまいます。

脳科学では、特に、脳の「前頭葉《ぜんとうよう》」と呼ばれる部分が混乱すると言われています。

この前頭葉は、「脳全体の司令塔《しれいとう》」とも言われる部分です。

人間が生きていく上で大切な機能の多くを、この前頭葉が司《つかさど》っているのです。たとえば、「理性的に考える機能」「状況を整理して考える機能」「意欲を作り出す機能」

「行動力を促す機能」などです。

ですから、やることがたくさんあって、この前頭葉が混乱してしまうと、理性的にものを考える機能が低下して、「いったい何から始めたらいいかわからない」という状況になってしまうのです。

また、意欲や行動力も低下して、「もう何もしたくない。この場から逃げ出したい」という投げやりな気持ちにもなってきます。

こういう状況になるのを避けるためには、一度、混乱した前頭葉を整理する、ということが大切になります。

その具体的な方法としては、**「まず何をやるか」ということを決める**ことです。

そして、**その一つのことだけに集中するために、他のことはあえて考えないようにすること**です。

そうすることで前頭葉が整理され、意欲と行動力がわいてきます。

「何々しながら、別のことをする」ことが、行動力を低下させる

◆一つ一つのことに専念するようにする

禅の言葉に、**「逢茶喫茶《ほうさきっさ》、逢飯喫飯《ほうはんきっぱん》」**というものがあります。

「逢茶喫茶」とは、「お茶を飲む時には、お茶を飲むことだけに専念する」という意味です。「逢飯喫飯」とは、「食事をする時には、食事をすることだけに専念する」ということを表しています。

この言葉は、「何かをする時には、そのことだけに集中することが大切だ。それが心を乱さないコツである」という禅の教えを言い表しているものなのです。

ですから、「お茶を飲む」「食事をする」ということに限らず、「掃除をする時には、掃除をすることだけに専念する」「料理をする時には、料理をすることだけに集中す

る」といったように生活全般のことにも当てはまります。

禅の教えは、「何々しながら、別のことをする」ということを禁じます。たとえば、「食事しながら、新聞を読む」といったことです。こういうことは「心の乱れ」の大きな原因になる、と禅は考えるのです。

この禅の考え方は、「前頭葉を整理する」ということを考える上でも参考になると思います。

たとえば、仕事でやるべきことが山のようにある時、人はつい「書類を整理しながら、取引先と電話する」といったことをしてしまいがちです。

しかし、このような「何々しながら、別のことをする」といったことをしていると、禅的に言えば「心の乱れ」を生じさせます。脳科学で言えば「前頭葉の働き」が乱れます。そして、それが意欲や行動力の低下につながっていくことにもなります。

したがって、仕事でも、「書類を整理するなら、それに専念する」「電話をするなら、それだけに集中する」と心がけるのがいいと思います。

前頭葉のウォーミングアップから始めてみる

◆仕事を始める前に、簡単な計算や漢字の書き取りをする

前頭葉の働きが活発になれば、それだけ意欲や行動力が高まります。
つまり、前頭葉の働きを良くすることも「すぐ動く」ためのコツの一つなのです。
簡単なことで、脳の「前頭葉」の働きを活発化させることができます。

・簡単な計算をする。

・簡単な漢字の書き取りをする。

複雑な計算や、難しい漢字の書き取りをする必要はありません。

小学生でもできるような簡単な計算や漢字の書き取りをするだけで、前頭葉が活性化することがわかっています。

そして、前頭葉が活性化すれば、意欲や行動力が高まるのです。

したがって、仕事など何かを始めようとする時に、ウォーミングアップの意味で、簡単な計算ドリルや漢字書き取りドリルをする、という方法もあります。

そうすることで、前頭葉の働きが良くなり、「やりたくない」「面倒臭い」といったネガティブな感情を消し去ることができます。

そして、仕事などに向かって、前向きに動き出すということができるようになるのです。

また、「指を動かす」ということが、前頭葉の活性化に効果があることもわかっています。

ですから、計算や書き取りは手書きで行うのが効果的です。

そうすれば、いっそう意欲や行動力が高まります。

指を動かすことが効果的という意味では、簡単な絵などを描くことをしてもいいと思います。

うまくいかない時こそ、規則正しい生活を心がける

◆生活の乱れが、「すぐ動けない」という状況を作り出す

生活の乱れが「やりたくない」という気持ちを増幅させてしまうことがあります。

たとえば、思うようにいかない仕事に日頃から「やりたくない」という気持ちを抱いていると、そのためにストレスも溜まっていきます。

その憂《う》さ晴らしにと、飲み歩いたり、夜遅くまで遊びます。

睡眠不足にもなります。

このようにして生活のリズムが乱れたり、また睡眠不足になると、脳の前頭葉の働きが悪くなることが知られています。

翌朝、仕事をするためにデスクに着いても、頭がボンヤリしてやる気が出てきませ

ん。

すぐに仕事に取りかかることもできません。

もともと「うまくいかずに、やりたくない」と感じていた仕事に対して、ますます「やりたくない」という気持ちが上乗せされていってしまうのです。

したがって、規則正しい生活を心がけ、睡眠時間も十分に取っておくことが大切になります。

そうすることで、前頭葉の働きが良くなります。

意欲と行動力が高まって、たとえ「うまくいかずに、やりたくない」と思っている仕事に対しても、どうにか立ち向かっていけるのです。

そして、その仕事を良い方向へ向かわせるきっかけをつかめれば、その意欲と行動力はさらに高まっていきます。

うまくいかない時こそ、規則正しい生活と十分な睡眠が大切なのです。

第2章
「タイム・マネジメント能力」を高める

「タイム・マネジメント能力」を高めていく

◆やるべきことがあるのに、グズグズしない

「タイム・マネジメント能力」という言葉があります。

直訳すれば、「時間の管理能力」という意味です。

一日の時間は、誰にとっても、24時間です。

この人には一日当たり25時間が与えられているが、この人には23時間しか与えられていない、ということはありません。

その意味では、時間というものは、すべての人に平等に与えられています。

この一定の24時間の中で、人は仕事をし、睡眠をとり、プライベートの人生を楽しみます。

ただし、時間の使い方がうまい人、すなわち「タイム・マネジメント能力」が高い人は、この24時間の中で、より多くのことを成し遂げ、より多くのことを楽しみ、より充実した生活を実現することができます。

一方で、「タイム・マネジメント能力」が低い人は、24時間の中で成し遂げられることはわずかしかありません。

そのために、虚《むな》しい人生を送ることにもなります。

そういう意味から言えば、満足のいく豊かな人生を実現するためには、「タイム・マネジメント能力を高める」ということが非常に大切な要素の一つになってくるのです。

そして、**タイム・マネジメント能力を高めるための重要なポイントの一つが「すぐ動く」ということです。**

やるべきことに対して、すぐに動いて、サッサと片づけていくのです。

やるべきことがあるのに、そこでグズグズ、ダラダラしないことが大切です。

「トゥ・ドゥ・リスト」を作って、やるべきことを整理しておく

◆やるべきことと、その優先順位を整理しておく

すぐに動き、やるべきことをサッサと片づけていくためには、まず第一に、自分自身の頭の中で「やるべきこと」が何なのか整理しておく必要があります。

朝、「今日、私がやるべきことは何だっただろう」などと考えている人は、すぐに動き出すことができません。

そうならないために大切なことが、日頃から、**「トゥ・ドゥ・リスト（to do list）」**を作っておく、という習慣を身につけることです。

「トゥ・ドゥ・リスト」とは、「やるべきことのリスト」という意味です。

つまり、やるべきことをリストにして書き出しておく、ということです。

1、朝起きたら、今日やるべきことをリストにして書き出します。
2、昼休みには、もう一度やるべきことを整理して、再度確認します。
3、寝る前には、今日計画したことが実現したかチェックします。

このように一日に何度か、「やるべきことのリスト」を確認するのです。

その際には、**やるべきことに優先順位をつけておく**ことも重要です。

「最優先でやるべきこと」「その次にやること」「それほど急がなくてもいいこと」といった三つぐらいの段階に分けて、優先順位をつけておきます。

そして、その順番で物事を片づけていきます。

そのような工夫をしておくことで、頭の中で「やるべきこと」が整理されて、すぐ動くことができるようになります。

毎日やる必要はありませんが、ときどき試してみるのもいいでしょう。

そうすると、グズグズしていることもなくなります。

ダラダラではなく、メリハリを大切にしていく

◆40～50分たった段階で、適度な休憩をとる

タイム・マネジメント能力を高めるための要素の一つに、**「集中力を高める」**ということがあります。

言い換えれば、ダラダラ、グズグズと物事を進めない、ということです。

集中力がある人は、一日の生活の中で高い生産性を上げることができます。

その分、充実した人生を実現していくことができます。

しかし、ダラダラ、グズグズ物事を進めていくということが身についてしまっている人は、一日の生活の中で成し遂げられることがごくわずかしかないのです。

では、どのようにして集中力を高めていけばいいかと言えば、その重要なポイント

の一つは**「メリハリをつける」**ということにあります。

人間の集中力が持続するのは、個人差がありますが、平均して40〜50分だと言われています。

この40〜50分を超えて、さらにがんばっていこうとすると、心身に疲労感が溜まって効率が落ちてしまいます。

その結果、「ダラダラ、グズグズ」という状態になってしまうのです。

そういう意味から言えば、**40〜50分集中して、その段階で適度な休憩時間を取り入れていく**ことが大切です。

適度な休憩時間をとることで、心身がリフレッシュします。そうすることで、次の40〜50分の時間を集中して物事に取り組めるようになります。

つまり、休憩なしでダラダラがんばっていくよりも、適度な休憩時間を取り入れてメリハリをつけて物事を進めていくほうが、結果的にはより高い生産性を上げることができるのです。

重要なことをやる時は、タイムリミットを設定する

◆「短期的なタイムリミット」が、いい緊張感を生む

何をするにしても、**「タイムリミットを設定する」**ということが、「すぐ動く」ためのコツの一つになります。

また、タイム・マネジメント能力を向上させる方法の一つになります。

たとえば、

「これについては、午前中までに終わらせる」

「この仕事は、1時間で仕上げる」

といった具合です。

タイムリミットについては、1週間とか、1カ月といった長期的なものもあるかも

しれませんが、ここでは1時間、2時間、あるいは午前中までに、夕方の5時までに……といったような「短期的なタイムリミット」を設ける習慣を身に着けることをおすすめします。

一日の生活の中で、このような「1時間で」「午前中までに」といった短期的なタイムリミットを作ることによって、時間的な目標が明確になり、その目標を達成するために「すぐ動く」ということが習慣づけられるようになっていきます。

反対に、タイムリミットを設定しないと、精神的にどうしても緩《ゆる》みが生じてしまって、ダラダラ、グズグズといった状態に陥ってしまうことになりやすいのです。

特に、やりたくないこと、嫌なことについては、タイムリミットを設定しておかないと、いつまでも手をつけられないままグズグズしている、という状況になりやすいのです。

したがって、重要なことはタイムリミットを設定しておくのが賢明です。

「今日の疲労感」を、翌日に持ち越さないようにする

◆早く仕事を終えて、リフレッシュの時間を十分にとる

タイム・マネジメント能力の高い人は、時間を効率的に使うことができます。

やるべきことはサッサと片づけ、夜遅くまで仕事をすることもありません。

仕事を終わらせるのも早いのです。

そういう意味で言えば、タイム・マネジメント能力の高い人は、プライベートの時間を十分に確保することができます。

プライベートの時間とは、心身の疲れを癒してリラックスする時間です。

仕事を離れて、趣味など自分の好きなことに熱中する時間です。

友人や家族などと楽しく団らんする時間です。

このような**プライベートの時間を十分に確保することができると、翌日はまた元気一杯で仕事に立ち向かうことができます。**

心にも体にも元気がみなぎっているからこそ、グズグズすることなく、やるべきことに向かってすぐに動き出すことができます。

一方で、タイム・マネジメント能力が低い人は、ダラダラと仕事を続けてしまうことが多く、そのためにプライベートの時間を十分に持つことができません。

そのために前日の疲労感を残したまま、今日の仕事に取りかかる、ということになりやすいのです。

前日の疲労感が残っている状態なので、心も体も重く、やるべきことがたくさんあるにも関わらず、それに向かってすぐに動き出すということもできなくなってしまうのです。

そういう意味からも、タイム・マネジメント能力を高めて「すぐ動く」という習慣を持つことが大切になってきます。

予定と予定の間に、少し時間的な余裕を作っておく

◆時間的に余裕のない予定を組まない

予定を組む際に、大切なポイントが一つあります。

それは、**「予定をガチガチに組まない」**ということです。

たとえば、「午後3時までに見積書を完成させて、3時になったら即、何々をする」といったようです。

というのも、物事は、往々にして、予定通りにはいかないものだからです。

このケースで言えば、「午後3時までに見積書を完成させる」といっても、何かで手間取って3時までに見積書を完成させることができなくなる、という場合が出てくるかもしれません。

そうなると、いざ午後３時になった段階で、「取引先のところへ商談に行く」という次の予定に向かってすぐに動き出すということができなくなります。

そのために、慌てて取引先へ電話を入れて、「申し訳ありませんが、そちらへ伺《うかが》う時間が30分ほど遅れそうなんですが」と、お詫《わ》びしなければならなくなります。

そうなれば、場合によっては取引先からの信用も失いかねないのです。

したがって、もし、取引先との商談のために午後３時に出かけなければならないとしたら、「午後２時半までに見積書を完成させる」という予定を組んでおくほうが賢明です。

あらかじめ30分ほどの余裕をもっておくことで、もし何か手間取ることが生じて見積書の作成に時間がかかったとしても、次の「３時になったら取引先のもとへ商談に出かける」という予定まで狂ってしまうリスクは減るのです。

つまり、**ある予定から次の予定へと移る際に、ある程度時間的な余裕を作っておくことが大切なのです。**

突発的な仕事に、上手に対処していく

◆時間的な余裕が、精神的な余裕を生み出す

予定を組んでいても、突発的な仕事が舞い込んできて予定が狂ってしまう、ということがあります。

サラリーマンにしても、あるいはフリーランスで仕事をしている人にしても、このような「突発的な仕事」に振り回されて慌ててしまうことがよくある、という人は多いのではないでしょうか。

突発的な仕事とは、たとえば、予想もしていなかったアクシデントに見舞われる、といったようなことです。

取引先や上司から、急な仕事を言いつけられる、という場合もあるでしょう。

思いがけないミスが見つかって、仕事をやり直さなければならなくなる、ということもあるかもしれません。

そんな「突発的な仕事」に見舞われた時、精神的に動揺して、「いったい何から手をつければいいかわからない」といった状態になってしまう人もいるのです。

慌てふためくばかりで、問題解決のためにすぐに動き出すことができなくなってしまうからです。

このような状態にならないためにも、「あらかじめ時間的な余裕を持って予定を組んでおく」という習慣を持っておくことが大切になります。

時間的な余裕があることで、たとえ突発的な仕事が生じることがあっても、精神的に落ち着いていられます。

精神的に落ち着いていられるからこそ、問題解決のためにすぐに動き出すことができるのです。

突発的な仕事が生じた時は、物事の優先順位を考え直す

◆優先順位を考え直すことで、気持ちが落ち着いてくる

突発的な仕事が生じて、自分が立てていた予定が狂ってしまうという時は、「**物事の優先順位を改めて考え直す**」という作業が大切になってきます。

突発的な仕事とは、多くの場合、トラブルやミスの発覚など緊急を要するものでしょう。

したがって、まず第一に対処しなければならないのは、その突発的な仕事です。

一方で、その日、自分がやろうと予定していた仕事の中から、「後回しにしてできるもの」「明日に延期するもの」といった優先順位を考え直します。

緊急事態を解決する時間を考えて、それを終えてからできるものであれば、あらか

じめ自分がやろうと思っていた予定をとりあえず後回しにします。

しかし、「緊急事態への対処のために、今日一杯かかってしまいそうだ」という時には、自分がやろうと思っていた予定については明日に延期するという必要が出てくる場合もあるでしょう。

また、場合によっては、「自分がやろうと思っていた予定については取り消してしまう」という選択をせざるを得ないこともあると思います。

このように、**自分がやろうと思っていた予定の優先順位を考え直し、予定を組み直すことで、緊急事態に集中して対処できるようになるのです。**

自分がやろうと思っていた予定の優先順位を整理しないまま、緊急事態に対処しようとしても、精神的な動揺がおさまらずに、緊急事態の解決のためにすぐに動き出せない……ということもよくあります。

ですから、まずは自分がやろうと思っていた予定の優先順位を考え直します。それによって気持ちが落ち着き、緊急事態の解決のためにすぐに動き出せるのです。

あえて他人との接触を断ち切ってみる

◆他の人との接触を断ち切って、一つのことに集中する

「集中して物事に取り組みたい」という時があります。

「重要な仕事なので、このことだけに集中して、まずはこれを終わらせてしまうことに全力を傾けたい」という時です。

そのような時には、あえて突発的な仕事が舞い込まないように、「他の人との接触を断ち切ってしまう」という方法もあります。

アメリカの経営学者であるピーター・ドラッカー（20〜21世紀）は、次のようなことを述べました。要約して紹介しておきます。

たとえば、重要な報告書を書き上げなければならないとします。

それを書き上げるには、およそ6～8時間の時間がかかると予想されます。

しかし、**「いつも通りの環境で、その報告書を書き上げようと思っても、それは無理だろう」**と、ドラッカーは言うのです。

なぜなら、しばしば突発的な仕事が舞い込んできて、その度に報告書を書く仕事を中断しなければならなくなるからです。

したがって、ドラッカーは、**「ドアにカギをかけ、電話線を抜いておくことが必要になる」**というのです。

つまり、他の人との接触を断ち切ってしまう、ということです。そうすることで、突発的な仕事が舞い込んでくることを防げます。

そうすれば重要な報告書の作成を完了し、スッキリした気持ちで次の仕事へすぐに動き出していくことができるようになるのです。

これも、タイム・マネジメント能力を高めることを考える上で、一つの参考になる話だと思います。

「タイム・マネジメント能力」を高める工夫をひとつでも実践してみる

◆「仕事が忙しい」を理由にしない

ある調査で、「タイム・マネジメント能力を高める必要性を感じますか」と尋ねたところ、およそ9割の人が「必要性を感じる」と答えたといいます。

多忙な日々の中で、効率的に仕事を運び、またプライベートの生活を楽しみ、充実した人生を実現していくためには、自分のタイム・マネジメント能力を高めていく必要がある、と感じている人が圧倒的に多かったのです。

しかし、一方で、「実際に何か自分なりにタイム・マネジメント能力を高める工夫を実践していますか」と尋ねたところ、約75パーセントの人が「そのような工夫は何もしていない」と答えました。

そして、なぜその必要を感じながらタイム・マネジメント能力を高める工夫をしないのかといえば、その理由としてもっとも多かったのは、「仕事が忙しい」というものだったというのです。

つまり大多数の人は、「仕事が忙しくて、タイム・マネジメント能力を高める必要を感じながら、それを実践はしていない」という状況にあるのです。

しかし、これは考え方が逆ではないかと思います。

「仕事が忙しくて、タイム・マネジメント能力を高めるための工夫を実践できない」のではなく、**「タイム・マネジメント能力を高めるための工夫を実践しないから、仕事がいっそう忙しくなってしまう」**というのが正解なのです。

タイム・マネジメント能力を高めるための工夫は、実際には、それほど難しいことではありません。

やる気になれば、すぐに始められることが多いのです。

そして、それを実践していくことで、多忙ながらも余裕のある生活をしていくことが可能になります。

時間の使い方にメリハリをつけ、精神的な余裕を持つ

◆まずは、メリハリをつけて物事を進めるようにする

タイム・マネジメント能力を高めるための工夫のいくつかをまとめておきます。

・グズグズしない。やるべきことがある時は、すぐ動く。
・小まめに「トゥ・ドゥ・リスト（やるべきことを書き出したリスト）」を作って、やるべきことを整理する。
・物事の優先順位をつけて、最優先事項から取り組んでいく。
・ダラダラと物事を進めない。メリハリをつけて物事を進める。
・40～50分で適度な休憩をとる。休憩をとることで、集中力が高まる。
・その日の心身の疲労感は、その日のうちに解消しておく。心身ともに元気でいる

からこそ、やるべきことにすぐ取りかかれる。

・予定は時間的な余裕を持って組むようにする。

・集中して終わらせたいことは、他人との接触を断ち切って行う。

このようなことは、やろうと思えば比較的簡単にできることだと思います。

しかし、このような簡単なことでも、「仕事が忙しい」という理由から実践できない人も意外とたくさんいるのです。

そのような人たちは、文字通り「仕事が忙しい」というよりも、「忙しい仕事のために、精神的な余裕がなくなっている」というだけだと思います。

その意味では、ここに掲げた項目の中では、まずは「メリハリをつけて物事を進める」ということがもっとも重要になってくると思います。

つまり、「集中する時間」と「リラックスする時間」のメリハリをつける、ということです。

そうすることで、心を余裕が生まれます。タイム・マネジメントも実践できるようになれます。それが、「すぐ動く」ということにもつながっていきます。

第3章
優柔不断と「どうせ…」を捨てる

時間と情報がありすぎると、かえって行動を誤る

◆あれこれ迷わないほうが、うまくいくことが多い

「優柔不断」という言葉があります。「グズグズしていて、すぐに決断ができないこと。すぐに行動できないこと」という意味です。

「私は優柔不断な性格です。自分でもその性格を直したいと思っているのですが……」と、悩みごとを訴える人もいます。

「直したいと思っている」と言うからには、その本人とすれば、「私は優柔不断な性格のために損をしている」という問題意識があるのでしょう。

確かに、「優柔不断な人は損をする」ということを裏づけるような心理学の実験もあります。

車を4台用意して、被験者たちに、「もしこの4台の車の中から1台の車を買い求めるとしたら、どの車を選びますか」と尋ねました。

その際に、一つのグループの人たちには、十分に検討するための時間と情報を多く与えました。また、他方のグループの人たちには、そのような時間や情報を与えませんでした。

4台の車の中で、1台だけが優れた性能を持つ車でした。

普通に考えれば、車を選ぶために十分な時間と情報を与えられた人たちが、その優れた性能を持つ1台の車を選択する確率が高くなる、と予想されるでしょう。

しかし、結果は違ったのです。かえって十分な時間と情報を与えてもらえなかった人たちのほうが、優れた性能を持つ1台を選び出す確率が高かったのです。

つまり、**下手に十分な時間と情報があると、あれこれ迷ってしまって、かえって正しい決断、的確な行動ができなくなる可能性が高まる、**ということなのです。

この実験の結果からは、**即断即決して、すぐ行動するほうが有利である、**とも言えるのです。

迷えば迷うほど「賢明な選択」が難しくなる理由とは？

◆検討するのはいいが、迷いすぎてはいけない

どういう決断をしたらいいか、どのような行動をすればいいのか……ということを検討することは、もちろん良いことでしょう。

しかし、必要以上にあれこれ考えすぎると迷いが生じ、かえって間違った決断、損をする行動をしやすくなってしまう、という傾向もあるのです。

では、なぜ、必要以上に考えすぎてしまうことが良くないのかと言えば、次のような理由があると思います。

人は迷えば迷うほど、否定的な情報ばかりに意識をとらわれるようになります。

たとえば、恋人選びです。四人の恋人候補がいたとします。その中から、一人の人

を選ぶ場合です。

四人の中に一人だけ優れた人間性を持った人がいます。その「優れた人間性を持った人」を選ぶことができれば良いのですが、実は、「恋人選びに失敗したくない。後で後悔したくない」という気持ちが強くなりすぎて、迷えば迷うほど、その「優れた人間性を持った人」を選ぶ確率が低くなっていきやすいのです。

つまり、人は迷っているうちに、否定的な側面がだんだん気になってくるのです。

たとえ、「優れた人間性を持った人」であっても、欠点はあります。

迷ってばかりいる人は、得てして、その欠点ばかりに意識を奪われて、その人の「優れた人間性」に意識が向かなくなってしまいます。

また、「欠点がある」という意味では、「優れた人間性を持った人」と、その他の三人もあまり区別はないように思えてきます。

そのために「優れた人間性を持った人」を選択する確率が低くなります。したがって、そうではない三人の中から、自分の恋人を選んでしまう確率が高まるのです。

迷えば迷うほど、充実した人生から離れていく

◆間違った決断をしても「問題ない」と考えておく

アメリカ合衆国建国当時（18世紀）の文筆家だったジョン・フォスターは、**「優柔不断な人間は、決して充実した生活を送ることができない。海の波や風に舞う鳥の羽のように、行きどころなくさ迷うからである」**と述べました。

この言葉にある「海の波や風に舞う鳥の羽のように、行きどころなくさ迷う」というのは、「ああでもない、こうでもないと迷ってばかりいる」という意味です。

つまり、迷ってばかりいて、決断できません。すぐに動き出すこともできません。その結果、何の成果も得られないのです。

また、散々悩んだ挙句に決断したとしても、その決断は誤ったものである場合も多

いのです。

そのために見当違いの行動に出て、結果的には損をしてしまう場合もあります。

したがって、「決して充実した生活を送ることができない」のです。

優柔不断な人が、なぜ、ああでもない、こうでもないと迷ってしまうのかと言えば、それは「いい決断をしたい。後で後悔したくない」という気持ちが人一倍強いからだと思います。

そのように思うことは、必ずしも悪いことではないのですが、その思いが強くなりすぎると、かえって「迷ってばかりで決められない」「散々迷った挙句に行動して損をする」ということになりかねないのです。

そういう意味では、あまり「いい決断をしたい。後で後悔したくない」という意識にとらわれすぎないほうが賢明だと思います。

もっと軽い気持ちで、「もし間違った決断や行動をした時は、やり直せばいい」くらいに考えて行動したほうがいいのです。

優柔不断な性格を治す三つのコツとは？

◆検討時間にタイムリミットを設けておく

優柔不断な性格から脱却して、「勇気を持って決断し、すぐ動く人になる」ためのコツをまとめると、次のようなことが挙げられます。

・物事のマイナス面ばかりに意識を奪われない。「それには、どのようなプラス面があるか」を判断基準にして物事を決める。

・検討するのは良い。しかし、迷いすぎるのはいけない。迷いすぎにならないために、検討時間にタイムリミットを設定する。

・もし誤った決断と行動をしてしまったとしても、「やり直せばいい」と気楽に考えておく。必要以上に慎重に考えない。

いくつかの選択肢の中から何か一つを選び出して行動しなければならない時には、それぞれのマイナス面を列挙して消去法で一つのものを選び取っていくよりも、それぞれのプラス面に注目して、何がもっとも今の自分にとって適しているかと考えるほうが「良い選択」ができます。

また、いろいろと検討してみるにしても、タイムリミットを設けておくことが大事になってきます。

時間無制限で、いつまでも検討していていい、というものではないのです。

したがって、たとえば、「今日一日考えて、明日には決断し、すぐに行動に移す」といったようにタイムリミットを設定しておくほうが賢明です。

それが「迷いすぎて、かえって間違った決断や行動をする」ということの予防策になります。

また、何か決断し行動する際には、いい意味で気楽でいることも大切です。

あまり慎重になりすぎると「迷い」が生じる原因になります。

「しない後悔」よりも「した後悔」のほうがいい

◆どうせ後悔するのなら、したいことをして後悔する

優柔不断な人は、「すぐ動く」ということが苦手です。

あれこれ迷った挙句「何もしないで終わる」ということも少なくありません。

たとえば、「好きな相手に告白したい」と思ったとします。

しかし、「私を受け入れてもらえるだろうか。あっけなく振られてしまうことになるのではないか」と、あれこれ迷ってしまいます。

そして、結果的には、好きな相手に「告白をしないで終わる」ということもよくあるのです。

そして、後になってから、「せっかく好きな相手が身近にいたのに、どうして告白し

なかったのだろう。そんな私自身が情けない」と後悔します。

ユダヤの格言に、**「してしまったことを後悔するより、したかったのにしなかったことのほうが後悔は大きい」**というものがあります。

好きな人に告白して、もしも振られてしまったら、告白したことを後悔することになるかもしれません。

しかし、その後悔は、「告白したかったのに、告白しないままで終わってしまう」後悔よりもずっと小さいのです。「あの時、告白したかったのに、しなかった」という後悔のほうがずっと大きいのです。

ならば、どういう結果になるかにかかわらず、「したいことは、すぐやるほうがいい」のです。

そのほうが、結果的には、「後悔の少ない人生」を生きていくことにつながっていくと思います。

やってしまった後悔は、やがて笑い話にできる

◆「すぐにやる」から、生きている充実感が生まれてくる

アメリカの作家であるマーク・トウェイン（19～20世紀）は、「**やったことは、たとえ失敗しても20年後には笑い話にできる。しかし、やらなかったことは、20年経っても後悔するだけだ**」と述べました。

あることを決断して、思い切って行動したとします。

しかし、あえなく失敗してしまうこともあります。

その際には、「あんなことしなければ良かった」と後悔することになるかもしれません。

しかし、その失敗は、時が経つにつれて「笑い話」にすることもできるのです。

「昔、私はバカなまねをしちゃって〜」と、笑って話せる時がやって来るのです。

したがって、「やってみたいことを、すぐやる」ということをためらう必要はありません。

むしろ問題なのは、「やってみたいことがあったのに、それをやらないまま終わってしまう」ということなのです。

この「やりたいことを、やらなかった」という後悔を、笑い話に変えることはできません。

それは、重苦しい後悔の感情のまま、ずっと自分の心に残ってしまうものなのです。

そういう意味では、「優柔不断な性格で、散々迷った挙句に何もしないまま終わることが多い」という人は、恐らくは、心の中にたくさんの後悔の感情を抱え込んでしまっているのではないかと思います。

今からでも遅くないと思います。

「やりたいことは、すぐにやる」という生き方に転換するほうが賢明です。

たとえ失敗しても、それが「生きていて良かった」という充実感を作り出します。

間違った行動をしても、そんな自分をダメと思わない

◆いい意味で開き直って、「グズな自分」を乗り越える

心理学では、「優柔不断な人には、自尊心が低い人が多い」ということがわかっています。

「自尊心が低い」とは、言い換えれば、「自分に自信がない」ということです。

自分が本当に正しい決断をし的確な行動をとれるかどうか、自信がないのです。

「自分はいつも間違った判断をして損ばかりしている。今度もまた、そうなるんじゃないか」という強い不安感があるのです。

そのために、いつまでも決断できずに、グズグズしていることになります。

こういうタイプの人は、いい意味で「開き直る」ことが大切です。

その場合、間違った判断をすることもあるかもしれません。

的確な行動ができない場合もあるかもしれません。

そのために損をすることもあるでしょう。

しかし、**「そうなったら、そうなったで、それが私の人生なのだからしょうがない」**と開き直ってしまうことが必要になってきます。

そのように上手に開き直らないと、いつまでも「グズグズ」から抜け出すことはできません。

その結果、決断と行動をすることで、自分の人生を前に進めていくことができないのです。

また、たとえ間違った判断、間違った行動をすることがあっても、そんな自分を「ダメ」だと思わないことも大切です。

どんなことになっても、自分という人間をあくまでも尊重していく気持ちを忘れないことが大事です。それが次の行動力へつながるのです。

上手に開き直ることで、心のブレーキが外れる

◆行き詰まった時は、上手に開き直ってしまうのが良い

「開き直る」という言葉には、一般的には、いい印象はないのかもしれません。

それは、普通、「あきらめる」「投げやりになる」「ふてくされる」「その場から逃げ出す」といった意味に受け取られてしまいがちだからです。

しかし、「開き直る」ということには、ポジティブな意味もあると思います。

たとえば、次のようなことです。

・自分が持っているものをすべて出す。

・迷いを捨てて、一歩先へ踏み出してみる。

・覚悟を決めて、積極的に行動する。

・現実を受け入れて、できることをする。

壁に突き当たって行き詰まったような時、あるいは窮地に陥ってにっちもさっちもいかない状態で、このように開き直ると、力強い行動力を発揮できるようになるケースがあるのです。

何事もうまくいっている時は、開き直ることはありません。

これまで通りの調子で生きていけば良いのです。

問題は、何をやってもうまくいかない、という事態に陥った時です。

そういう場合、何をどうしたらいいかわからなくなって、その場に立ち尽くしてしまうことになるのではないでしょうか。

そういう時に、思い切って開き直ってしまうことで、心から重苦しいブレーキが外れて、その状況を打開するために行動を開始できるようになるのです。

また、自分自身の中に秘められていた、信じられないような力を発揮することもできるのです。

開き直るとは、態度や考え方をチェンジするということである

◆開き直って、前に向かって行動を開始する

辞書を調べてみると、「開き直る」という言葉には、もともと、「態度を変える。気持ちを切り替える」という意味もあります。

英語には、「チェンジ・ワンズ・マインド（change one's mind）」という言葉があります。

まさに「考え方、あるいは気持ちを変える」という意味ですが、実は、この「チェンジ・ワンズ・マインド」には、日本語で言う「開き直る」という意味のニュアンスもあります。

日本語でも英語でも、「開き直る」という言葉に、「態度、考え方、あるいは気持ち

を変える」という意味があることは、非常に興味深いことだと思います。

つまり、「開き直る」とは、落ち込んでうつむいた姿勢から、希望を取り戻して上を向く、といったように「態度を変える」ということなのです。

何をしたらいいかわからずにグズグズしている状態から、「ダメ元で何かやってみよう。すぐに動き出してみよう」と、前向きに「考え方を変える」ということなのです。

悲観的なことばかり考えるのではなく、もっと楽観的にものを考えるように「考え方を変える」のです。

そうすることで、心のブレーキが外れます。

楽な気持ちになって、前へ向かって行動できるようになります。

これまでになかったような力を発揮できるようにもなるのです。

「開き直る」というのは、「チェンジする」ということです。

後ろ向きな態度や考え方から、前向きな態度や考え方にチェンジするという意味なのです。

「気の遣いすぎ」「考えすぎ」が優柔不断を生み出す

◆「すぎ」にならない程度に、気を遣い、考える

「優柔不断」という言葉は、考えてみると、不思議な文字で構成されているように思えてきます。

「不断」には、「決断できない。そのために、すぐ動けない」ということを意味しています。それは理解できるのですが、不思議なのは「優柔」という言葉です。

「優」には、「人に優しい」といった意味があります。

「柔」には、「柔軟な発想」という意味があります。

では、なぜ「人に優しく、柔軟な発想ができる人が、決断できない。そのために、すぐ動けない」ということになるのでしょうか？

学問的に言えば「優柔」には「グズグズしている」という意味があるようですが、しかしここでは、あえて、「優」を「人に優しい」、「柔」は、「柔軟な発想ができる」という意味にとらえて、「優柔不断」という言葉を考えてみたいと思います。

「人に優しい人」は、往々にして、「私がする決断や行動が、周りの人にどんな影響を与えるだろうか」ということについて考えすぎてしまいます。

「周りの人に迷惑がかかることはしたくない」と気を遣いすぎてしまうのです。

また、「柔軟な発想ができる人」は、様々な角度からいろいろなことを考えることができます。しかし、そのためにかえって判断基準が曖昧《あいまい》になり、心に迷いが生じてしまうということもあるのです。

つまり、人に気を遣いすぎ、考えすぎることから迷いが生じ、そのために「決断できない。すぐ動けない」ということになってしまうケースもあるようです。

人に気を遣うのも、よく考えるのも悪いことではありません。

しかし、それが「すぎ」にならないよう注意が必要です。

第4章
すぐに動いて、チャンスをつかむ

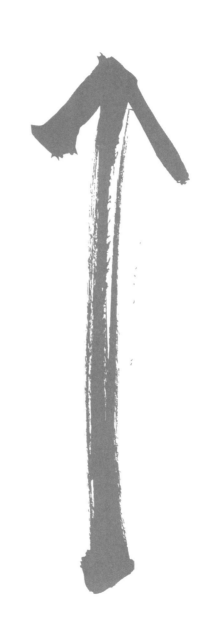

「幸運の女神」は、すぐにとらえることが大切だ

◆あれこれ考えていると、「幸運の女神」が後ろ向きになってしまう

西洋のことわざに、**「幸運の女神は前髪しかない」**というものがあります。

目の前に、大きなチャンスが訪れたとします。

「このチャンスをつかめば、私の人生が良い方向へと大きく前進するだろう」と、一瞬思います。

しかし、そこで、あれこれと考えすぎてしまう人もいます。

「チャンスだと思って飛びついて、後で痛い目にあうことになるかもしれない。もう少し慎重に考えるほうが良いのではないか」といったようにです。

しかし、そこで、あれこれ考えているうちに、せっかくのチャンスを逃してしまう、

ということも人生では少なくありません。

この「幸運の女神は前髪しかない」とは、言い換えれば、「せっかくのチャンスを逃してはいけない」ということを意味しています。

幸運の女神が、自分に顔を向けて、ほほ笑んでいます。それは大きなチャンスが到来した時です。

その時は、すぐに、幸運の女神の前髪をとらえなければなりません。「幸運の女神の前髪をとらえる」とは、「そのチャンスをとらえるために即座に行動する」ということです。

そこで、もし考えすぎてグズグズしていたら、幸運の女神は後ろを向いてしまうかもしれません。

しかし、幸運の女神には、後ろ髪がないのです。

つまり、「幸運の女神は前髪しかない」とは、チャンスを逃してしまったら、それを再びつかみ取ることは非常に難しくなる、ということを意味しているのです。

「運がいい人」は、人との出会いに積極的である

◆すぐに人に会いに行って、人脈を広げていく

心理学の研究で興味深いことがわかってきています。

いわゆる「運がいい人」には、生活習慣にある共通性があるということです。

たとえば、「人間関係を広げていくことに積極的で、興味を持った人にはすぐに会いに行く」という人がいます。

こういう生活習慣を持っている人は、たくさんの人と出会うことができるようになります。

この**「人との出会い」が、多くのチャンスをもたらしてくれる**のです。

人からいい情報を得て、それを自分の仕事や人生に生かす、ということもあるでし

ょう。

出会った人から、力強い協力を得られる、ということもあります。

人からもらうアドバイスで目からウロコが落ちて、従来の生き方を見直すことができるようになり、それが将来の可能性を大きく広げていく、ということもあると思います。

その結果として「運がいい人」になっていくのです。

また、「運がいい人」には、親しみやすい人が多い、ということもわかってきています。

その親しみやすさから、出会った人が、また新たな人を紹介してくれる、ということがよくあるのです。

その紹介してもらった人にすぐに会いに行けば、そこでまた新たなチャンスが広がっていくのです。

たくさんの経験をすれば、その分多くのチャンスに恵まれる

◆面白いと思ったことは、すぐやってみる

心理学では、「運がいい人は、新しい経験をすることに積極的である」ということもわかってきています。

興味を持ったり、面白いと感じたことがある時は、すぐに動いて自分で経験してみる、という生活習慣を持っているのです。

仕事で何か面白いアイディアを思いついた時は、グズグズなどしていません。すぐに動きます。その分野の情報を集め、企画書を書き、上司や取引先に相談してみます。

上司や取引先がＯＫを出せば、すぐまた現実的に動き出します。

プライベートでも、興味を感じたことは、すぐに自分でも経験してみます。行ってみたいと思うところがあれば、そこへ旅行するためにすぐに準備に取りかかります。

仕事でもプライベートの生活においても、このようにして「すぐ動く」ことを習慣にしていますから、このタイプの人は多くのことを経験します。

多くのことを経験するということは、つまり、それだけチャンスに出会う確率が高まる、ということでもあるのです。

そういう意味で、いわゆる「運がいい人」には、積極的に行動する人、すぐ動く人が多いのです。

運がいいとか悪いというのは、その人が持って生まれたものではありません。

自分の意識と行動を変えるだけで、たくさんの幸運を自分のもとへ引き寄せることができるようになります。

「すぐ動く」ということも、運を良くするための大切なコツになります。

自分の直感を信じて、すぐに行動を起こしてみる

◆自分の直感を信じて生きてみる

アメリカの実業家でアップルコンピューターの創業者であるスティーブ・ジョブズ（20〜21世紀）は、**「もっとも重要なのは、自分の直感を信じることだ（意訳）」**と述べました。

スティーブ・ジョブズは、大学在学中に車のガレージを作業場としてパソコンを制作する会社を始め、そしてその会社を世界的な大企業になるまで育てました。

まさに「運がいい人」の一人だと思いますが、心理学では、この彼の言葉にある「直感を信じる」ということも、いわゆる「運がいい人」に共通して見られる特徴の一つだということがわかってきています。

「これは、成功のチャンスかもしれない」

「これをすれば、今よりずっと幸福になれるかもしれない」

「あの人は、私の運命の人になるのではないか」

と、そんな直感をおぼえた時には、すぐ行動を始めます。

もちろん、現実には、「予想通りにはいかなかった」という場合もあるかもしれません。

しかし、「直感に従って、すぐ行動する」という習慣を持つことで、たくさんの経験を得ることができます。

その経験を通して、たくさんの人と出会うこともできます。

その経験と人との出会いを通して、やがて多くの幸運にも恵まれるのです。

何もしないでいれば、安全ではあっても、幸運に恵まれることはありません。

自分から積極的に動き出すことで、幸運に恵まれるチャンスも増えていくのです。

幸運とは、ある意味、自分からつかみ取りに行くものなのです。

リラックスすることで、幸運を引き寄せる力が強くなる

◆慌てない、取り乱さない、イライラしない

自分の直感を信じて、それに従ってすぐ行動する人は、幸運を引き寄せる力が強くなります。

では、どうすれば、そんな直観力を高められるのかと言えば、そのコツの一つは「リラックスする」ということなのです。

リラックスしているからこそ、自分自身と静かに向かい合うことができます。心の奥からわき上がってくる直感の声を聞きとることができます。

もし、しょっちゅう慌てていたり、感情的に取り乱していたり、イライラしていたりすれば、「心の声」を聞きとることはできないでしょう。

したがって、日頃から「リラックスする」ということを心がけておくことが大切になってきます。

実は、心理学では、いわゆる「運がいい人」の共通点として、「いつもリラックスしている」ということが知られています。

一つには、**リラックスしているから、直感という心の声を聞きとることができ、直感に従ってすぐ行動することで、幸運を引き寄せる力が強まる**、という理由が挙げられます。

さらに、**リラックスしているからこそ、幸運が訪れた時に、それを見逃すことがない**、という理由も挙げられます。

慌てたり、取り乱してばかりいる人は、せっかく目の前に幸運の女神が現れたとしても、それに気づかず見逃してしまうことも多いのです。

いわば視野が狭くなっているのです。

リラックスしている人は広い視野を持っているので、幸運を見逃しはしません。

楽観的な観測を持っている人が、苦境に強くなる

◆「運を味方にする」ために、楽観的に考える習慣を持つ

いわゆる「運がいい人」に見られる共通点として、「将来に対して楽観的な観測を持っている」というものがあることもわかっています。つまり、不安や心配に心を惑わされることが少ないのです。

不安や心配は、意欲にブレーキをかけてしまう大きな原因になります。

そのために、行動力が鈍《にぶ》ってしまうのです。

しかし、楽観的な人には、意欲にそのようなブレーキがかかることがありません。

ですから何事にも積極的に行動していけます。

そして、様々な幸運を自分のもとに引き寄せるのです。

また、楽観的な人は、苦境にも強いのです。

仕事や人生では、時に、苦しい状況に陥ることがあります。

そこで将来を悲観して、あきらめてしまう人もいるでしょう。

しかし、楽観的な人は、「まあ、どうにかなるだろう。もう少しがんばれば、明るい未来が開けるだろう」と、前向きに考えることができます。

苦境を乗り越えるために何かいいアイディアを思いつけば、すぐに行動に移すことができます。

そこで、簡単にあきらめてしまうということがありません。

ですから、実際に、その苦境を乗り越えて、夢や願望を実現していくことができるのです。

「運を味方にする」という言葉があります。たくさんの幸運を引き寄せるという意味ですが、**運を味方にするために大切なことは「楽観的な観測を持つ」ということなのです。**

幸運を引き寄せるために、やるべきことをやっておく

◆因果応報の法則に則《のっと》って生きてみる

仏教に**「因果応報《いんがおうほう》」**という言葉があります。

「自分の考えや行いに応じて、その結果がある」という意味です。

人生の上で起こることには、すべてその原因となる考えや行いがある、ということです。

「幸運に恵まれる」ということも、この因果応報の法則に則《のっと》っているのです。

何もしないでいる人が、幸運に恵まれるということはありません。

それなりの考えや行いをしてきた人が、その結果として、幸運を手にすることができるのです。

・幸運の女神が逃げないうちに、すぐ動く。
・興味がある人には、すぐ会いに行く。
・面白いと感じたことは、すぐやってみる。
・自分の直感を信じて、すぐ動く。
・楽観的な観測を持って、すぐ行動する。

このような考えや行いを日頃から習慣として実践していくことが、その因果応報の結果として、様々な幸運をその人にもたらしてくれるのです。

ある一部の特別な人だけが幸運に恵まれるのではありません。

日頃から、このようなことをコツコツと実践していれば、そのすべての人が幸運に恵まれるようになるのです。

やることをしっかりやっていれば、どんな人であっても幸運を与えてもらえるのです。

失敗はマイナスではない、何もしないことがマイナスになる

◆失敗してもいいから、チャンスにチャレンジしてみる

「絶好のチャンスだ」と思って、すぐに行動を起こしても、結局は、そのチャンスをものにできずに失敗に終わる……という場合も人生にはあるかもしれません。

しかし、あれこれ考えすぎて何もしないで終わるよりも、たとえ失敗に終わるにしても積極的にチャレンジしてみるほうが良いのです。

そのチャンスをものにできなかったとしても、チャレンジすることには大きな意義があります。

たとえば、その行動の経験から学ぶことがあります。

学んだことは、次のチャレンジに生かすこともできると思います。

また、その行動の過程で、大切な人との出会いも生まれるかもしれません。

その人との出会いが、今後の自分の人生を大きく飛躍させることにつながっていくかもしれません。

チャンスの時にすぐに動けば、そのような貴重なものをたくさん得られる可能性があるのです。

後になって、「あの失敗は無駄ではなかった」と言えるようになるのです。

しかし、あれこれ考えすぎて何もしないでいる人は、何も得るものがありません。

経験や知識を得ることがありませんし、大切な人との出会いも生まれてはこないのです。

そういう意味では、**「失敗してもいいから、せっかくのチャンスなのだから、すぐに動いてみよう」**という意識を持つことが大切です。

失敗は、決してマイナスではありません。

むしろ、何もしないことが、自分の人生には大きなマイナスになるのです。

「先憂後楽《せんゆうこうらく》タイプ」の人のほうが、仕事の成績がいい

◆面倒な仕事を先に片づけてしまう

「先憂後楽《せんゆうこうらく》」という言葉があります。

本来は「君主は、苦しみは人より先んじて経験し、楽しみは人よりも遅れて経験することが大事だ」という意味です。しかし、一般的に意訳して、**「苦労が多いこと、嫌なことを先にやってしまって、楽しいことは後からやる。それが賢人の生き方だ」**といった意味にも理解できます。

実は、賢い人は本当に、日頃からこの「先憂後楽」を実践していることがわかっています。

アメリカのある大学の調査で、次のような結果が出ました。

まず、学生を、「苦手な科目の勉強を先にやって、それから好きな勉強をする」というタイプの人たちと、「好きな勉強を先にやって、後から苦手な科目の勉強をする」というタイプの人たちに分けました。

そして、それぞれの学生たちの大学でのトータルの成績を比べたところ、「苦手な科目の勉強を先にやって、それから好きな勉強をする」というタイプ、つまり「先憂後楽タイプ」の学生たちのほうが成績がいいことがわかりました。苦手な教科の勉強は先にサッサと片づけてしまうことで、好きな科目の勉強により熱中できるようになるということでしょう。

一方で、好きな科目の勉強を先にする人は、「後で苦手な教科の勉強をしなければならない」という心の重荷が、好きな科目の勉強の妨《さまた》げになってしまいがちなのです。その結果、好きな科目の勉強にも集中できず、苦手な科目の勉強は結局やらずじまいで終わってしまう、という場合も多いようです。

これは勉強に限ったことではないと思います。この心理実験から推測すると、仕事でも、「先憂後楽タイプ」の人のほうが、仕事の成績がいいと考えられます。

面倒な仕事を先にすると、仕事のチャンスが広がる

◆まずはすぐに、面倒な仕事をサッサと片づけてしまう

意欲的にイキイキと仕事をしている人は、たくさんのチャンスに恵まれます。

積極的に行動し、仕事をバリバリ片づけていく人には、思いがけないチャンスが巡ってくるからです。

では、どうすればそんな意欲的で行動的な人になれるのかと言えば、その一つの方法は「先憂後楽」を心がける、ということなのです。

やりたくない仕事、面倒な仕事を先にサッサと片づけます。

そして、後にやりがいのある仕事、好きな仕事に思い存分打ち込むのです。

やりたくない仕事を先にすぐ片づけてしまうからこそ、やりたいと思う好きな仕事

にイキイキとした気持ちで取り組むことができます。

ですから、その人は、たくさんのチャンスに恵まれることになるのです。

どんな仕事を「やりたくない」「面倒だ」と感じるかは、人それぞれだと思います。

たとえば、人に会って話をするのは好きだが、資料を整理したりする事務的な作業を「やりたくない」と感じる、という人がいるかもしれません。

そういう人は、まずはすぐ、資料の整理をサッサと先に片づけてしまいます。

その後から、取引先に挨拶《あいさつ》回りや相談に行く、といった仕事をするようにします。

そうすることで、取引先の前で、より意欲的に、また行動的に振る舞えます。

そんな元気一杯な姿を見れば、取引先のほうから何か「いい仕事」を持ちかけてくれるかもしれません。

結果的に、仕事のチャンスが大きく広がるのです。

したがって、チャンスをつかむ可能性もふくらみます。

トラブル処理にすぐ動く人は、評価が高い

◆面倒な対処ほど、後回しにしないほうがいい

トラブルが生じたら、その処理に「すぐ動く」ということが、仕事ができる人になる条件の一つになります。

上司や取引先、また関係者にすぐに報告します。すぐに対処策を打ち出します。そして、即座にその対処策を実行に移します。

これも、ある意味、「先憂後楽」の法則なのです。

トラブル処理は面倒で、できればやりたくないというのが、多くの人の本音ではないでしょうか。

「叱られることになる」という恐れから、トラブルが生じていることを隠して、その

ままにしておく人もいるかもしれません。

しかし、トラブル処理を後回しにしてグズグズしていると、その間に問題はますますこじれていってしまいがちなのです。

そうなれば、当然、周りの人たちの信用もガタ落ちになってしまうでしょう。

一方で、**トラブル処理にすぐ動くことができる人は、周りの人たちから「頼りになる」という高い評価を得ることにつながります。**

もちろん、トラブルを起こすことは良いことではありませんが、しかし、その処理にすぐ動くことができれば、決して評価を下げることはありません。

むしろ、評価を上げることも多いのです。

トラブルが生じることは何も珍しいことではありません。日常茶飯事《さはんじ》といってもいいでしょう。

したがって、そのトラブル対処にすぐ動き、早く解決できる人は、周りの人に信頼され、新しい仕事のチャンスも得られると思います。

第5章
自信がある人には、行動力がある

自信を持つ、それが人生の好循環の出発点になる

◆自信と行動によって、人生に好循環を生み出す

「すぐ動く」ための大切なコツに、「自信を持つ」ということがあります。

自信があるからこそ、何事に対しても行動的に生きていけます。

そして、行動的に生きるからこそ、幸福や成功をつかみ取るチャンスも広がっていくのです。

小説家の太宰治《だざいおさむ》（20世紀）は、**「自信さえあれば、万事はそれでうまくいく」**と述べました。

自分に自信がある人は、仕事でも、プライベートの生活に関しても、あるいは人間関係であっても、「すぐ動く」ということができます。

仕事のチャンスを見つけたら、それを手にするために、すぐ動きます。

面白いと思ったことには、すぐにチャレンジします。

関心のある人には、すぐに会いに行きます。

そのように行動することによって、幸福や成功をつかみ取るチャンスが大きく広がっていくのです。

したがって、仕事もプライベートの生活も、「万事はそれでうまくいく」のです。

まとめれば、「自信がある→積極的に動く→すべてがうまくいく」という構図になります。

そして、何かうまくいくことがあれば、「それによって自信が大きくなる→さらに積極的に行動するようになる→さらなる幸福や成功を自分のものにしていける」という好循環につながっていきます。

つまり、「自信を持つ」ということを出発点にして、自分の人生がいい方向へと動き出していくのです。

積極的に行動すれば、それが自信になっていく

◆「自信」と「行動」は連携関係にある

自信を持っている人は、積極果敢に行動することができます。

では、どうすれば自信が生まれるかと言えば、実は、それは「行動する」ということしかないのです。

あることに無我夢中になって打ち込みます。

無心になって、ひたすら行動します。

そうすると、そこに「自信」が生まれます。

もちろん、いい結果が出れば、それは大きな自信につながるでしょう。

しかし、たとえいい結果が出なかったとしても、「私は勇気を持ってチャレンジし

た」「私はやるだけのことはやった」という充実感が、自分への自信につながっていくのです。

「自信がないから、すぐに動けない」と言う人がいます。

そのように言う人は、自信があるないにかかわらず、まずは動き出してみることです。正しいと思ったら、行動してみることです。

どういう結果が出るかなど考えずに、一生懸命に行動してみることです。

いくらお金が儲かるか、とか、得になるか、とか、どんな評価が得られるか、といった打算的なことは考えずに、ひたすら前へ向かって行動していくことです。

そうすれば、そこに初めて自信が生まれるのです。

そして、そこで得た自信から、さらなる積極果敢な行動が生まれます。

「行動する→それが自信になる→その自信が、さらなる行動を生み出す→自身が大きくなっていく→すぐに動けるようになる」という好循環が生まれてきます。

このように「自信」と「行動」を上手に連携させていくことが大事です。

周りの人たちに信頼されているから、すぐ動ける

◆リーダーに大切なのは、自信を持って行動していくことである

ドイツの文豪であるゲーテ（18～19世紀）は、**「自信を持つと、他人の信頼を得る」**と述べました。

「他人の信頼を得る」ということは、実は、「すぐ動く」ための大切なポイントになるのです。

すぐ動くことができず、いつもグズグズしている人の特徴の一つに、周りの人たちの目を気にしすぎる、ということが挙げられます。

「私の行動を、周りの人たちはどう受け取るのだろう」「私の行動が周りの人たちにとって迷惑になってしまうのではないか」ということを気にしすぎてしまうのです。

そのために、すぐ動くことをためらってしまいがちなのです。

しかし、「私は周りの人たちから信頼されている」という確信があれば、余計な思いにわずらわされることなく、思い切って行動できるのです。

では、どうすれば周りの人たちから信頼されるようになるかと言えば、それは「自信を持つ」ということなのです。

自信をもって生きている人は、周りの人たちから信頼されます。

自信がなさそうにしている人を、「この人に任せておけば、だいじょうぶだ」と信頼する人などいないでしょう。

このゲーテの「自信を持つと、他人の信頼を得る」という言葉は、特に、人の上に立つリーダーには重要な意味を持っていると思います。

自信がなさそうなリーダーに、信頼してついていこうと思う部下はあまりいないでしょう。自信に満ち溢れ、積極果敢《かかん》に行動していくリーダーこそ、部下たちから信頼されるのです。

「ほめ日記」で、「自信を持って行動する人」になる

◆自分自身にポジティブ・イメージを持つ

「自分に自信を持てない」と言う人がいます。そのために、「いつもグズグズばかりしていて、行動力を発揮できない」と言うのです。

では、どうすれば自分に自信を持つことができるのでしょうか?

「自信」とは何かと言えば、心理学では、「それは自分へのポジティブ・イメージである」と説明されています。

自信がないという人は、自分自身に悪いイメージ、つまりネガティブ・イメージを抱いているのです。

したがって、「自分自身へのイメージを変える」ということが、自信を持つためのポ

イントになってきます。

ネガティブ・イメージからポジティブ・イメージへ変える方法がいくつかありますが、たとえば次のようなものです。

・ほめ日記をつける。
・自信を与えてくれ本を読む。
・座右の銘を作る。
・他人と自分を比べない。
・完璧を求めない。

「ほめ日記」とは、「日記の中で、自分自身をほめる」ということです。うまくいったこと、満足のいったことを思い出して、「私はすばらしい。私はすごい」と日記に書きつけるのです。この「ほめ日記」を書き続けることで、自分へのポジティブ・イメージが作られていきます。

そして、それが「自信を持って、すぐ動く」ということにもつながります。

成功者の本や言葉の力を借りて、自信を育てる

◆偉人と自分を重ね合わせてみる

自信を持って積極的に行動していける人になるためには、**「自信を与えてくれる本を読む」**ということが効果的です。

自分が日頃尊敬し、また憧れている人が書いた本を読むのです。つまり、自叙伝や伝記などです。

また、経済人や政治家やスポーツ選手など、成功者について書かれた本などです。

歴史が好きな人は、歴史上の偉人について書かれた本でもいいでしょう。

そのような本を読んでいくと、不思議に自分への自信がついてくるのです。

その人物と自分自身を重ね合わせることで、自分へのポジティブ・イメージが作ら

れていくのです。

また、そのような本を読んでいく中で、自分に「自信を与えてくれる言葉」に出合うこともあると思います。たとえば、

「やれば、できる」

「継続は力になる」

「チャンスは必ず来る」

といったような言葉です。

そのような言葉を座右《ざゆう》の銘《めい》にするのもいいと思います。座右の銘とは、常に自分の心に留めておいて、勇気や励ましを得る言葉のことです。

言葉にも、自信を育ててくれる力が備わっているのです。

本や言葉が自分へのポジティブ・イメージを高めることに役立ち、それが「すぐ動く」ということにつながっていきます。

自分と他人を見比べてしまうと、ネガティブ・イメージがふくらんでいく

◆「ほめ日記」に、自分の長所と成長を書き出していく

自信が持てない人の特徴の一つに、「とかく自分と他人を見比べてしまう」ということがあります。

他人に自分が持っていない長所を発見して、「私も、あの人を見習ってがんばろう」と前向きに考えることができれば良いのです。

しかし、自信が持てない人は、往々にして、「あの人に比べて、私はなんてダメなんだろう」と否定的に考えてしまいがちです。

そのために自分へのネガティブ・イメージがどんどん大きくなっていき、自信を持って行動することができなくなってしまいます。

したがって、自信が持てないという人は、あまり自分と他人を比較してものを考えないように心がけていくほうがいいでしょう。

自分への劣等感がふくらんでいくだけだからです。

それよりも、自分自身の長所を見つめることが大事です。

自分の長所を、自分自身で実感していくことが重要です。

その意味でも、**「ほめ日記」**が役立つと思います。

自分の長所を、日記に書き出してみるのです。

日々、自分の長所を一つ見つけ出すことを目標にして、毎日日記をつけていくのです。

また、昨日の自分よりも今日の自分が成長していると思ったことも、日記につけていきます。

どんな小さなことでも構いませんから、自分が成長した点を見つけ出して、これを毎日日記につけていくのです。

そうすれば、「自信を持って、すぐ動く」ということができるようになります。

完璧主義になるから、すぐ動けないようになる

◆80パーセントうまくいったら、自分をほめる

「完璧主義にならない」ということも、「すぐ動く」ためのコツの一つになります。

「完璧主義」とは、「何事も１００パーセントでなければ気が済まない」という性質です。

心理学では、能力が高く、まじめで誠実な人ほど、この完璧主義に陥りやすいと言われています。

しかし、完璧主義には、自分へのネガティブ・イメージをふくらませてしまう危険が少なからずあります。

完璧主義の人は、たとえ1パーセントでも不満な点があると、「私はダメだ」と自分

に自信を失ってしまいがちです。

しかし、**仕事にしても趣味にしても、「１００パーセント、うまくいく」ということはほとんどない**と思います。

何かしら不満な点が出てきてしまうのが自然です。

完璧主義の人は、そのたびに落ち込み自信を失っていくために、だんだんと自分へのネガティブ・イメージをふくらませていってしまう結果になるのです。

そして、何に対しても行動することに消極的になっていきます。

したがって、「１００パーセントうまくいかないと意味がない」と考えるのではなく、**「80パーセントうまくいけば、それに満足しよう。残った不満は、次の課題にすることにしよう」**と考えるようにするのが良いと思います。

そして、80パーセントうまくいった時は、そんな自分を「よくやった」とほめてあげるのです。

そうすることで自信が生まれ、積極的に行動できるようになります。

失敗を前向きに受け止める習慣を作る

◆仕事の失敗を、「いい勉強になった」と受け止める

何かに失敗することは、自分への自信を失ってしまう大きな原因になります。

とは言え、一生のうち一つの失敗もしないで生きていくことなど、人間にはできません。生きている限り、人は日々、いろいろなことで失敗しながら暮らしています。

だとすれば、たとえ失敗しても、それが「自信を失う」ということにつながらないよう工夫していくことが大切になってきます。

それも、また、「すぐ動く」ためのコツの一つになります。

では、どうすれば、たとえ失敗しても自信を失わずに済むかと言えば、それは「失敗を前向きにとらえる」ということになります。

たとえば、次のようにです。

・仕事で失敗した↓いい勉強になった。これで自分の仕事の能力が一つ向上した。今後、同じ失敗をしないで済むだろう。

・好きな人に振られた↓悲しい思いをした分、自分の人間性が深まった。辛い思いをした分、これから人に優しくなれる。

・自分の発言で、人を傷つけた↓誠意をもって謝罪することで、相手との関係が深いものになるだろう。「雨降って地固まる」という言葉もある。

大切なことは、失敗をした時に、むやみに自分を責めない、ということです。

もちろん、反省することは大事でしょう。

しかし、「私は愚かだ。私はダメ人間だ」と自分を責めてしまうと、自分へのネガティブ・イメージが大きくなってしまいます。

そのために、今後、様々な場面で行動していくことに消極的な気持ちが芽生えてきてしまうのです。

一生懸命になってやったことで、自分を失うことはない

◆何事も自分なりに一生懸命になってやってみる

同じ失敗をしても、そこで自信を失ってしまう人と、あまり自信を失わずに済む人がいます。

この両者の違いは何かを考える上で、興味深い心理学の実験があります。

学生に試験を受けてもらいました。

そのテストで、同じ点数を取った人を比較してみたのです。

たとえば、同じ70点という点数を取った人同士で、ある人は「70点しか取れなかった」と自信を失っていました。

一方で、70点であっても、それほど自信を失うことなく、「次は、がんばろう」と前

向きに考える人もいました。

この両者にどんな相違点があったかというと、実は、「試験への取り組み方」が違っていたことがわかりました。

自信を失った人は、真剣な気持ちで試験に取り組んでいませんでした。いわば、力を抜いた状態で試験を受けたのです。

そのために、試験の結果が出てから、「もっと真剣に勉強しておけばよかった」という後悔が残り、それが自信を失うことにつながったのです。

一方で、自信を失わずに済んだ人は、テストの点数がたとえ望み通りではなかったとしても、「自分なりに一生懸命にやった」という充実感が残りました。

この充実感があったからこそ、自信を失わずに済んだのです。

何事も自分なりに一生懸命になってやれば、結果がうまくいかなくても、それほど自信を失わずに済みます。そして、また、次のチャンスへ向かって、力強く動き出すことができます。

幸せなお金持ちには、夢と行動力がある

◆夢があっても行動力がなければ、お金持ちにはなれない

アメリカのニュース配信会社であるＣＮＮの調査で、興味深いことがわかりました。
「幸せなお金持ち」には三つの共通点があるというのです。それは、

・**長期的な計画がある。**
・**自分に自信を持っている。**
・**謙虚な生活をしている。**

というものなのです。

「長期的な計画がある」とは、もう少し具体的に言えば、「明確な願望があり、その願望を叶えるための着実な計画がある」ということです。

そして、「自分に自信を持っている」とは、言い換えれば、「行動力がある」ということだと思います。

願望と計画があっても、自分に自信を持っていない人は、すぐに動き出すということができません。

「本当に、これで大丈夫だろうか。私にできるだろうか」という迷いに心をとらわれて、グズグズしてしまうことになりやすいのです。

自分に自信があるからこそ、願望実現のために、自分の計画したことに従って、積極果敢《かかん》に行動していくことができるのです。

そういう意味から言えば、「幸せなお金持ち」になるための三つの共通点の中で、もっとも重要なのは、この「自分に自信を持つ」「積極的に行動する」ということではないかと思います。

最後の「謙虚な生活をしている」とは、「稼いだお金を無駄遣いしない」ということです。

夢を持って、夢に向かって行動していく

◆思い描いた通りの人生を実現していく

アメリカの作家であるヘンリー・デイヴィッド・ソロー（19世紀）は、「**あなたが夢見る方向へ自信を持って進んでいく。そして、あなたが想い描いた人生を生きることが大切だ**」と述べました。

この言葉にある「自信を持って進んでいく」とは、「自信を持って、積極的に行動していく」という意味に解釈できると思います。

そうやって、「自分が想い描いた人生」を実現するためにがんばっていくことは、幸福で充実した人生につながる、と言っているのです。

三つにまとめておきます。

・自分ならではの夢を持つ。
・夢に向かって自信を持って行動していく。
・そして、夢の実現をはかっていく。

夢に向かって行動し、夢を実現することで、その人は人間的に成長します。

そして、いつも夢に向かって行動し、夢を実現し続けている人は、絶えず人間性が成長し続けている、とも言えます。

つまり、夢に向かって行動し、そして自分の成長を実感して生きていくことが、人間としてもっとも充実した生き方になると思います。

そして、それが生きる充実感と幸福感を生み出します。

すなわち、ソローの言う「自分が想い描いた人生を生きる」ということにつながっていくのです。

しっかりと「夢」と「行動」を大切にして生きていけば、人生に後悔することはないでしょう。

第6章
人生を楽しむ人は、すぐ動ける

人生を楽しんでいる人は、すぐ動くことができる

◆様々な分野の活動をするよう心がける

いつも明るい気持ちを持ち、人生を楽しみながら生きている人は、何事に関しても「すぐ動く」ということができます。

気持ちが明るい人や、人生を楽しんでいる人は、何事にも積極的なのです。

生きることを楽しんでいる人は、どんなことに対しても行動的なのです。

仕事で、少々面倒な事態に突き当たったとしても、その解決のためにすぐに動き出すことができます。

行ってみたいところがあれば、すぐに行動に移します。

面白いと思ったことがあれば、すぐにチャレンジしてみます。

一方で、いつも気持ちが暗く、人生を楽しむということをしていない人がいます。

こういうタイプの人は、何事にも消極的です。

すぐに動かなければならない状況であっても、そこで迷ったり考えすぎたりしてグズグズしています。

そういう意味では、**「明るい気持ちを保つ」「人生を楽しむように心がける」ということも、「すぐ動く」ことの大切なコツの一つになる**のです。

では、どのようにすれば明るい気持ちを保ち、人生を楽しむことができるようになるのかと言えば、心理学では次のようなことがわかっています。

それは、**「様々な分野の活動をする」**ということなのです。

仕事一辺倒になるのではなく、たとえば**「趣味を楽しむ」「仕事以外の友人を持つ」「経験したことがないことをする」「スポーツをする」「社会運動に参加する」「ボランティアをする」**といったようなことです。

このように様々な分野の活動をすることで、気持ちが明るくなり、生きることが楽しく感じられるようになります。

楽しみのない人生なんて、人生ではない

◆たくさんある「人生の楽しみ」を、すべて経験する

英語の格言に、**「ノー・ファン、ノー・ライフ（No fun, no life.）」**というものがあります。

「ファン」には、「楽しみ」という意味があります。

つまり、「ノー・ファン」とは、「楽しみがない」ということです。

「ライフ」は、「人生」のことです。

つまり、「ノー・ライフ」とは、「人生ではない」ということを言っています。

したがって、「ノー・ファン、ノー・ライフ」とは、「楽しみがない人生なんて、人生ではない」ということを意味しているのです。

言い換えれば、「人生をもっと楽しもう」ということです。

人生を楽しむことができるからこそ、「もっと人生を楽しみたい」という生きる意欲が生まれてきます。

そして、仕事にも、遊びにも、交友関係にも、家族関係にも、意欲的に取り組んでいけるようになります。

また、自分で何か楽しいことを企画して、その実現に向かってすぐに動き出すことができるようになるのです。

そして、意欲的で、積極的な人生を築いていくことができるようになります。

人生には楽しいことがたくさんあります。

仕事にも楽しみがあります。趣味を持つことも楽しいものです。友人と語らうのも楽しいのです。そんな**「人生の楽しみ」をバランスよくすべて経験したいという意欲を持つ**ことが大切です。

それが、「すぐ動く」ことにつながっていきます。

貧しい家に住んでいても、人生を楽しむことはできる

◆「楽しもう」という気持ちを持つだけでいい

確かに、人生には、辛いこと、苦しいことがたくさんあるのも事実だと思います。

しかし、苦しいことがあったとしても、その人生を楽しむことは可能です。

辛いことがあったとしても、その人生を楽しむことはできるのです。

大切なのは、自分自身で「楽しもう」という気持ちを持って生きていくことなのです。

アメリカの作家であるヘンリー・デイヴィッド・ソロー（19世紀）は、**「たとえ貧しい家に住んでいても、人生を楽しめる。胸が踊るような楽しみに満ちた、輝かしい人生が送れるはずだ**（意訳）**」**と述べました。

「貧しい家に住んでいても、人生を楽しめる」のです。

たとえば、その家に、優しい家族がいて、家族との温かい団らんがあれば、十分に人生を楽しめるのです。

ソローは、この言葉で、そういう意味のことを言っています。

仕事を辛く感じた時も、それと同じことなのです。

信頼できる仕事仲間がいて、その仲間たちと力を合わせていくことができれば、働いていくことを楽しく感じられるのです。

あるいは、仕事を終えた後に、自分が好きな趣味やスポーツに熱中する時間があれば、生きていくことを十分に楽しむことができるのです。

生きていくことを苦しく感じることもあるかもしれません。

そんな時も、心置きなくつき合っていける友人や、心の癒しとなるような家族が身近にいれば、楽しい人生を送っていくことは十分に可能なのです。

そんな「楽しもう」という気持ちを持つだけで、積極的な行動が生まれてきます。

人には、年齢を経るに従って成長していく面もある

◆成長する楽しみを、積極的な行動へとつなげていく

人生を楽しむためのコツに、**「自分の成長を実感しながら生きていく」**ということがあります。

「昨日の私よりも、今日の私は少し成長した」と実感できることは、その人の気持ちをとても楽しくするものなのです。

その「楽しい」という気持ちが、「もっと成長したい」という意欲を生み出します。

そして、その意欲が、何事についても積極的に「すぐ動く」ということにつながっていくのです。

しかし、残念ながら、年齢を重ねるにつれて、「自分の成長を実感できなくなってい

く」という人も多いようです。

しかし、実際には、年齢を重ねたからといって、精神的な成長が止まったわけではないのです。

「自分の成長を実感できなくなった」と言う人は、恐らくは、マイナス面ばかり見ているのでしょう。

年齢を重ねれば、肉体的に衰えていくのは確かです。

若い頃のような馬力は出なくなるでしょうし、記憶力も悪くなっていくかもしれません。

「自分の成長を実感できなくなった」と言う人は、そんなマイナス面ばかり見ているのではないかと思います。

その一方で、実は、人間的に成長している、という面もあると思います。

技能や見識といった面でも成長しているでしょう。

そんな**プラス面へ目を向けることで、新たな意欲が生まれ、積極的に行動できるようになります。**

忘れていた「自分がやりたいこと」を思い出してみる

◆新入社員であった頃を思い出してみる

会社に入った頃には、誰もが、「自分がやりたいことを実現するために、がんばるぞ」と思います。

しかし、何年か経つうちに、その「自分がやりたいこと」を忘れてしまって、「会社の命令で、仕事をやらされている」という意識に縛られてしまう人も多いようです。

そして、この「やらされている」という意識が心の重荷になっていき、仕事への意欲も失っていきます。

その結果、「仕事が面白くない」「会社へ行きたくない」という気持ちになってくるのです。それに伴って、また、積極的な行動力も失われていきます。

そうなると、自分からすぐ動けない、上司から命じられるまで動けない、さらには、上司から命令を受けたとしても、なかなか動き出せない、という状態になってしまうのです。

こういう状態から抜け出すために大切なことは、新入社員だった頃を思い出すことです。

新入社員だった頃にはたくさんあった「自分がやりたいこと」を、もう一度思い出してみるのです。

今は忘れてしまっている「自分がやりたいこと」を思い出して、再確認してみるのです。

そして、その**「自分がやりたいこと」を実現する方法をもう一度考えてみる**のです。

会社から命じられる仕事とは別に、そんな「自分がやりたいこと」を積極的に提案していくことで、新入社員の頃にあった意欲と行動力を取り戻すことができるようになります。

初心を忘れない人は、いつまでも行動的である

◆「初心忘るべからず」をモットーに、仕事をしていく

古典芸能である能《のう》の創始者と言われる世阿弥《ぜあみ》（14～15世紀）は、**「初心忘《しょしんわす》るべからず」**と述べました。

「修業を始めた頃の、意欲ある気持ちを忘れてはいけない。そんな意欲ある気持ちを、ずっと持ち続けていくことが大切だ」という意味を表す言葉です。

芸能の修業というものは辛いことも多いのです。

壁に突き当たって、思い悩んでしまうこともあります。

そんなふうに辛い思いをしたり思い悩んでしまううちに、人はだんだんと、修業を始めた頃の意欲を失ってしまいます。

そして、「すぐ動く」ということもできなくなってしまうようです。

たとえば、「こうすれば、もっと上達するだろう」ということを頭でわかっていても、それをすぐに実践に移すことができなくなるのです。

人は、あふれるような意欲があるからこそ、すぐ動くことができるのです。

そういう意味から、世阿弥は、「初心忘るべからず」と言ったのです。

始めた頃の意欲を持ち続けることができていれば、「こうするほうがいい」と思いついた時に、それをすぐに実行することができます。

一般の仕事も同じことではないかと思います。

会社でやる仕事にせよ、フリーランスの仕事にせよ、辛いことを経験したり、思い悩んでしまうこともあると思います。

そして、そのうちに、始めた頃の意欲あふれる気持ちを忘れてしまうのです。そのために、「すぐ動く」ということも難しくなってきます。

どのような仕事であれ、「初心忘るべからず」を心がけていくことが大切です。

「生きることを楽しんではいけない」という思い込みを捨てる

◆「〜してはいけない」という禁止令を、みずから解く

心理学に**「禁止令」**という言葉があります。

たとえば、

「人生を楽しんではいけない」

「仕事を楽しんではいけない」

という意識、つまり「〜してはいけない」という心理的な「禁止令」にがんじがらめになって生きている人がいるのです。

実際に、このようなタイプの人は、人生を楽しもうとしません。また、仕事を楽しもうという意欲を持つことがありません。

では、なぜ、このような「禁止令」にがんじがらめになってしまうのかといえば、子供の頃に受けた親の影響が大きい場合もあるのです。

子供の頃に、躾《しつ》けに厳しい親から、「生きることは辛いものだ。その辛さに、がまんしていかなければ、立派な大人になれない」「仕事は大変なものである。仕事を楽しむなんて不道徳である」といったようなことを教えられながら育った経験がある人もいるのではないでしょうか。

そのために、自分自身の中で、「人生を楽しんではいけない」「仕事を楽しんではいけない」という意識がすっかり定着してしまったのです。

しかし、このような「楽しめない人」は、大人になってからいずれ、生きていく意欲を失っていきます。その結果、働く意欲を失ってしまいます。

そのために、積極的に行動するということもできなくなっていきます。

大切なことは、みずから、この「禁止令」を解いてあげることです。

そうすれば、意欲と、積極的な行動が生まれてきます。

「禁止令」を解き放って、「楽しめる自分」になる

◆「〜してもOK」「私は〜したい」と自分に言い聞かす

人間にとってもっとも幸福なことは、「楽しく生き、楽しく仕事をしていく」ということだと思います。

しかし、一方で、「人生を楽しんではいけない」「仕事を楽しんではいけない」という「禁止令」にがんじがらめになっている人もいます。

このようなタイプの人は、みずから自分を「禁止令」から解き放つ必要があります。「禁止令」から解き放つことに成功した時、このタイプの人は初めて幸福を実感できるようになります。

では、どのようにして、「〜してはいけない」という禁止令から自分を解き放つのか

と言えば、それは次の二つのことを心がけて生きていくことがポイントになります。

・**「〜してもＯＫ」**
・**「私は〜したい」**

一つには、「人生を楽しんでもＯＫ」「楽しみながら仕事をしてもＯＫ」と、自分に言い聞かせるようにする、ということです。

そう簡単には自分の意識から「〜してはいけない」という禁止令を外すことはできないかもしれませんが、普段から「〜してもＯＫ」と自分に言い聞かせるうちに、だんだんと「楽しめる自分」に生まれ変わっていきます。

また、「私は〜したい」という夢や願望を持つことも大切です。

夢や願望を持ち、その実現のためにがんばっていくことで、「生きていて楽しい」「仕事をしていて楽しい」という気持ちを作り出します。

すると、さらなる楽しいことへ向かって、すぐ動けるようになります。

義務感から「意欲と行動力」を失わないよう注意する

◆普段の生活の中に、何もかも忘れられる時間を作る

心理学では、人が大きなストレスを感じるものの一つに、**「役割からくる義務感」**があることがわかっています。

人は、大人になると、様々な「役割」を背負うことになります。

「上司としての役割」「親としての役割」「妻としての役割」など様々です。

そして、それぞれの役割に従って、強い義務感を感じるようになります。

「上司として、リーダーシップを発揮して部下を引っ張っていかなければならない」

「親として、子供の手本になるような立派な親にならなければならない」

「妻として、掃除も洗濯も料理もうまくできる女性にならなくてはいけない」

といった具合です。

しかし、この**「～ねばならない」という義務感が強いプレッシャーになるのです。**その結果、その人にとって大きなストレスになりがちなのです。

そして、そのプレッシャーとストレスが大きくなっていくにつれて、心に重いブレーキがかかってしまうようになります。そのため、がんばろうという意欲や、積極的な行動力を失っていくことになるのです。

そうならないために大切なことは、**「～ねばならない」という義務感から自分を解き放つ時間を日常生活の中に取り入れていく**ことです。

何もかも忘れて静かに瞑想する時間を作ったり、旅行に行ったり、あるいは無心で熱中できる趣味や運動習慣を持つことです。

そのような「何もかも忘れられる時間を作る」ということも、楽しい人生を築き上げていくコツになります。

また、意欲的に、行動的に生きていく方法にもなります。

「笑う門《かど》には福来《きた》る」というのは、本当のことだった

◆よく笑い、すぐ動き、そして「福」を引き寄せる

「笑う門《かど》には福来《きた》る」ということわざがあります。

脳科学の研究で、このことわざが正しいことがわかってきています。

「笑う」ということは、脳にとても良い影響を与えます。

笑うと、脳の中でエンドルフィンという物質が増加します。

この物質が増加すると、「気分が良くなる」「気持ちが前向きになる」という効果が現れます。

つまり、不安や心配といったネガティブな感情に惑わされることなく、何事にも積極的に行動できるようになるのです。

その結果、「福」をつかむチャンスも広がっていきます。

また、笑うと、自律神経の働きが良くなります。

自律神経の働きが良くなると、心身ともにリラックスします。言い換えれば、状況を冷静に判断できるようになります。

状況を冷静に判断することも、余計な不安や心配といった感情に惑わされることなく、積極的に行動することにつながります。

そして、積極的な行動が「福」を引き寄せてくるのです。

「福」というものは、何もしないでいる人のもとにはやって来ません。

まさに「福」をつかむために行動している人のもとにやって来るのです。

では、どのようにして積極的な行動力を生み出していくかと言えば、そのコツの一つが「笑う」ということなのです。

日頃から「笑う」ということを心がけて生きている人は、何事にも行動的です。すぐ動くことができます。その結果、幸福な人生を歩んでいけるのです。

常に明るく愉快な心を持っていくよう心がける

◆悩ましいことがあっても、明るい気持ちを心がける

イギリスの劇作家であるシェークスピア（16〜17世紀）は、
「人は心が愉快であれば、一日中歩いていても嫌にならない。しかし、心に悩み事があると、わずかの距離を歩いていくのにも嫌になる。人生の行路もこれと同じで、人は常に明るく愉快な心を持って、人生の行路を歩いていくことが大切だ（意訳）**」**と述べました。

生きていれば、もちろん、悩ましい問題を抱え込んでしまうこともあります。

物事がうまくいかなくて、辛い思いをする時もあるでしょう。

しかし、できるだけ意識して「常に明るく愉快な心を持って生きていく」ように心

がけることが大切なのです。

そうすることで、前へ向かって行動していくことができるからです。

「悩ましい」「辛い」と嘆いてばかりいると、このシェークスピアの言葉を借りれば、「わずかの距離を歩いていくのにも嫌になっていく」だけなのです。

つまり、「何もしたくない」「何もする気になれない」という気持ちになってしまいます。

そうなると、自分の人生は、ますます悪い方向へと傾いていくばかりです。

したがって、たとえ悩ましいことがあっても、明るい気持ちでいるように心がけることが大切です。

辛い状況にあっても、愉快な心を持つように努力することが重要なのです。

そうすることで、アグレッシブに、行動的に自分の人生を切り開いていけるようになります。

愉快な心を持てば、悩ましい問題や辛い状況を乗り越えていけると思います。

第7章
結果を気にせず、まず動いてみる

悲観的な人は動けない、楽観的な人はすぐ動く

◆悲観的なことを想像しないように注意する

アメリカの心理学の実験で、次のようなことがわかりました。

被験者を「楽観的な性格の人」と「悲観的な性格の人」に分けて、それぞれ行動の仕方にどのような違いがあるのか調べたのです。

その結果、「楽観的な性格の人」には、何事にも積極的に行動するタイプの人が多かったことがわかりました。

興味を持ったことに関しては、それに向かってすぐに動き出します。

何かトラブルに見舞われた時も、その解決のためにすぐに動き出すことができます。

何事に関してもフットワークが軽いのです。

一方で、「悲観的な性格の人」には、いわゆる「行動できない人」が多いことがわかりました。

何事についてもグズグズしていて、すぐに動き出すということができないのです。「悲観的な性格の人」が「楽観的な性格の人」に比べて、なぜ行動力がないのかといえば、それは**「悪い結果を想像してしまう」**ということに原因があります。

たとえば、仕事で何かアイディアが思い浮かんだとします。

自分では、とてもいいアイディアだと思っています。

しかし、「上司に提案しても、却下されることになるんじゃないか。『くだらないアイディアだ』と言われて、恥をかくことになるんじゃないか。やってもうまくいかないのではないか」と、ネガティブなことばかり想像して、アイディアを実現するために動き出すことができなくなってしまうのです。

楽観主義を心がけることも、「すぐ動く」ための大切なコツになります。

やってみる価値があると感じたら、すぐに動く

◆どういう結果が出るかを、あまり気にしないようにする

楽観的な人は、結果のことはあまり気にしません。

それよりも、**「これはやってみる価値がある」**と感じたら、すぐ行動に移すことができるのです。

一方で、悲観的な人は、「これはやってみる価値がある」と思っても、それ以上に結果のことを気にします。

それも、ネガティブな意味で結果のことを気にしてしまうのが、悲観的な人の特徴なのです。

「うまくいくだろうか。失敗することになるのではないか」

「自分が、こういうことをしたら、周りの人たちからどう思われるだろうか。愚かな人間だと軽蔑されることになるのではないか」

といった具合です。

そのようなネガティブな思いにとらわれてしまうために、行動力が鈍《にぶ》ってしまいがちなのです。

もちろん良い結果が出ることに越したことはありませんが、どういう結果になるかということについて、あまり気にすることはないと思います。

それよりも**大切なことは、自分自身の価値観です。**やってみる価値があると感じたら、すぐに動いてみる、ということです。

そして、もし悪い結果が出たとしても、それは「貴重な経験」となって自分の中に残るでしょう。

そして、その時に貴重な経験をしたことは、必ず、自分の人生に役立つ日がやってくるのです。

難しい問題を見いだすのでなく、チャンスを見いだすようにする

◆悲観的な人は、せっかくのチャンスを逃してしまう

イギリスの首相だったウィンストン・チャーチル（19～20世紀）は、「**悲観主義者はあらゆるチャンスの中に難しい問題を見いだす。楽観主義者はあらゆる難しい問題があったとしても、そこにチャンスを見いだす**」と述べました。

この言葉には、なぜ悲観主義的な考え方をする人には、いわゆる「消極的な人」が多いのか、また、楽観主義者はなぜ積極的に行動することができるのか、の理由が解き明かされているように思います。

人生では、「これは私のこれからの人生を大きく変えるチャンスだ」ということに巡り会える時があります。

しかし、悲観的な人は、そこでチャンスをつかみ取るために、すぐに動き出すということができない場合が多いのです。

その理由が、「悲観主義者はあらゆるチャンスの中に難しい問題を見出す」ということなのです。

せっかく良いチャンスに恵まれているにも関わらず、「私の能力では、このチャンスをものにするのは難しいかもしれない」「いいチャンスだが、賛同者や協力者を得るのは難しいのではないか」といったようにネガティブな思いにとらわれてしまいがちなのです。

そのために行動力が鈍り、決断できないままグズグズすることになってしまいます。

一方で、楽観的な人は、「これはチャンスだ」と思えば、即行動に出ます。

また、行動していく途中で、もし難しい問題に直面したとしても、「この問題を乗り越えれば、さらに大きな成果を得られるだろう」と、「あらゆる難しい問題があったとしても、そこにチャンスを見出す」ということができるのです。

「過去の後悔」という重荷を外してみる

◆昔した失敗は、早く忘れてしまうほうがよい

悲観的な人は、往々にして、自分の将来にネガティブな感情を持ってしまいがちです。

「悪いことが起こるのではないか」「どうせうまくいかない」「失敗するに決まっている」といったネガティブな思いにとらわれてしまうからです。

また、悲観的な人には、「過去の失敗をいつまでも忘れられない」という特徴もあります。

昔、自分がしてしまった失敗を、いつまでも「どうして、あんな愚かなことをしたんだろう」と、いつまでも悔やみ続けます。

過去の失敗を思い出していると、気持ちを暗くします。

そして、自分の将来に大きな幸福をもたらしてくれるような良いチャンスに恵まれることがあっても、「昔した失敗と、同じ失敗を繰り返すことになるのではないか」という不安に襲われます。

これも、悲観的な人の行動力が鈍ってしまう原因の一つなのです。

過去への後悔の感情が、自分の将来の可能性も狭めてしまうことになるのです。

既に過ぎ去ったことを後悔しても、将来の幸福に向かって動き出すことはできません。

これからより良い人生を築きたいのであれば、いつまでも過去のことに心をとらわれないようにすることが大切です。

過去のことに心をとらわれている限り、それが足に絡《から》みついた重荷になって、力強く将来に向かって動き出すことができないからです。

「過去の後悔」という重荷を外してこそ、目的へ向かって動き出せます。

未来へ向かって動くことで、「グズな自分」を変えられる

◆過去を振り向かない、未来へ向かって動く

作家の寺山修司（20世紀）は、**「振り向くな、振り向くな、後ろには夢がない」**と述べました。

「振り向くな」とは、言い換えれば、「過去のことに心をとらわれないようにする」ということです。

「後ろには夢がない」とは、「過去のことを振り返ってばかりいても、夢のある幸せな人生を築いていくことはできない」という意味です。

なぜなら、「夢のある幸せな人生は、過去ではなく、未来にある」からなのです。

したがって、過去のことを振り返っているのではなく、前を向いて、自分の将来に

向かって動き出さなければなりません。

そうしなければ、夢のある幸せな人生を手にすることはできないのです。

そういう意味のことを、寺山修司は、この言葉で述べているのです。

自分の未来へ向かって動き出すことで、人生が劇的に変わっていきます。

自分自身も変わります。

しかし、過去を振り返ってばかりでは、何も変わりはしません。

「失敗ばかりしている自分」を変えることはできないのです。

また、物足りない今の現状を変えることはできないのです。

夢のある幸せな人生へ向かって自分を変えていくためには**「動く」**ということが必要になってきます。

未来に向かって行動する、ということが必要になります。

行動することによってのみ、自分の人生を劇的に変えていくことができるようになるのです。

人生の大一番では、果敢な行動が必要になる

◆人生を賭けるような行動に出てこそ、成功を手にできる

古代ローマで共和制を打ち立てたユリウス・カエサル（英語読みはジュリアス・シーザー、紀元前2～1世紀）は、**「賽《さい》は投げられた。ルビコン川を渡れ」**と述べました。

「賽」とは、「賭《か》け事に使うサイコロ」のことです。

この言葉は、「人生は賭け事のようなものだ。後に引けない状況に追い込まれた時は、果敢に行動に出るしかない」という意味を表しています。

このカエサルの言葉の背景には、次のようなエピソードがあります。

当時、ガラリア（現在のトルコ）地方の総督だったカエサルは、政治的な敵対者から総督の地位をはく奪されて、ローマへ戻るように命じられました。

カエサルは軍隊を率《ひき》いてローマへ向かいましたが、ローマに入る手前にルビコンという川がありました。

当時、ルビコン川を武装解除せずに軍隊を率いて渡ることは、ローマへの反逆と見なされ、処刑されることになっていました。

その法律を知りながら、カエサルはあえて軍隊を率いてルビコン川を渡りました。

そして、武力でもって政敵を打ち倒して、ローマの支配権を握り、三人で共和制を打ち立てたのです。

もちろんカエサルは、ルビコン川を渡った際、政敵に勝てる確信はありませんでした。しかし**「人生は賭けだ」**という考えのもと、すぐにカエサルは武力を率いてルビコン川を渡ったのです。

もし、その時カエサルが行動を迷っていたら、失敗していたかもしれません。

人生の大一番のような状況では、すぐ動く行動力が必要になるということです。

疲れている時は、反省よりも休養を優先する

◆良い結果が出なかったとしても、反省しすぎない

思わしくない結果が出た時には、謙虚に反省することが大切です。

しかしながら、「反省しすぎ」は良くありません。

反省しすぎると、かえって気持ちが落ち込んでいくばかりなのです。

そのために、「次の機会には、がんばろう」という気持ちになれなくなってしまいます。

次のチャンスへ向かって、積極的に行動していくことが難しくなるのです。

人は何のために反省するのかといえば、それは「次にチャンスに恵まれた時には、そのチャンスを確実につかみ、成功へ結びつけるため」ということにあると思います。

しかし、反省しすぎると、気持ちが落ち込んでいくばかりで、「次のチャンス」へ向かって動き出すという意欲が失われてしまうのです。

したがって、「反省するにしても、ほどほどに反省する」というのが賢明です。

特に、心身ともに疲れ切っている時などは、反省するよりも、休養をとることを優先するのが良いでしょう。

ドイツの哲学者であるニーチェ（19～20世紀）は、**「疲れ切っている時に反省などすれば、『うつ状態』への落とし穴にはまる。疲れているときは反省をしたり、振り返ったり、ましてや日記など書くべきではない**（意訳）」と述べています。

これまで一生懸命がんばってきて、相当疲労が溜まっている場合、良い結果が出なければ、なおさらその疲労感は大きくなるばかりです。

そんな時は、反省するよりも、やはり休養を優先すべきです。

ゆっくり休養して、心身に元気が戻れば、それからまた「次のチャンス」へ向かって力強く、すぐにまた行動を開始することができるのです。

すぐ動くために、ネガティブな感情はすぐ忘れるのがいい

◆ネガティブな感情を、明日まで引きずらないようにする

アメリカの思想家であるラルフ・ウォルドー・エマーソン（19世紀）は、

「毎日毎日を、きっぱりと終了する。

確かに失敗もしたたし、愚かなこともした。

しかし、全力を尽くしたのだから、そんなことはできるだけ早く忘れてしまうことが大切だ。

それが、明日、新しいことを問題なく始めるコツである（意訳）**」**


と述べました。

つまらない失敗や、愚かな行為によって、思うような結果が出ない時があります。

そのような時は、反省することも必要でしょう。

しかし、一方で、その辛い思いや、悔しい思いを「できるだけ早く忘れてしまう」ということも大切になってきます。

そのようなネガティブな感情をいつまでも引きずっていると、明日へ向かって力強く動き出すことができないからです。

新しいチャレンジへ向かって、積極的に行動していくことができなくなってしまうのです。

ですから、人にとっては「忘れる」ということも非常に大切なことなのです。

できるなら、**その日にあった嫌なことは、その日のうちに忘れてしまうほうが賢明です。**ネガティブな感情を、明日まで引きずらないことです。

そうすることで今日という日に区切りをつけて、明日という日を新鮮な気持ちで迎えることができます。

明日になった時、また新しいチャレンジへ向かって、すぐに動き出せます。

理想を求めすぎず、「がんばる」ということ自体を楽しむ

◆何事も「理想通りにはいかない」と知っておく

精神医学に、**「燃え尽き症候群」**という言葉があります。

大きな理想を持って、献身的に努力したとします。

たとえば、サラリーマンが、「会社に貢献したい。この仕事を通して、世の中のために役立ちたい」という理想を持って、一生懸命になってがんばります。

もちろん、そのような理想を持つことは良いことです。

しかし、実際には、100%理想通りにはいかないものです。

「会社に貢献したい」と思ってがんばっていても、実際には、仕事で失敗して会社に迷惑をかけてしまう、という場合もあります。

「世の中のために役立ちたい」と考えて、身を粉にして働いていても、実際には、毎日のようにお客さんや取引先からクレームばかり受けている、ということもあります。

気高い理想を持って一生懸命にがんばっていても、その努力はまったく報われないこともあります。


そのために、落ち込み、悩み、やがて意欲を失って動けなくなることもあります。

まさに「燃え尽きる」ようにして、ガクンとなってしまうのです。

性格的に、まじめで、誠実で、献身的な人ほど、このような「燃え尽き症候群」に陥りやすいといわれています。


もちろん、理想を持って、そのために努力するのは貴重なことです。

ただし、**「理想通りの結果が出ない」ということを、あまり気にしない**ことです。

結果を求め過ぎず、「がんばる」ということ自体を楽しむ意識を持つことです。

それが、意欲を失い「動けなくなる」ということを防ぎます。

結果を求めすぎず、自分のペースを守っていく

◆「いい結果」よりも「自分のペース」を大切にしていく

「すぐ動く」ための大切なコツの一つに、「自分のペースを守る」ということがあります。

そして、「自分のペースを守る」ために大切なことは、「結果を求め過ぎない」ということなのです。

「いい結果を出したい」「いい結果を出して賞賛されたい」という意識を持つことは、必ずしも悪いことではありませんが、ただし、その意識に強く縛られてしまうと問題も出てきます。

その原因は、結果を出すために「無理をしてしまう」ということにあります。

「早く結果を出したい」「誰よりも優れた結果を出したい」と、自分の能力や体力を超えて、無理をしてがんばりすぎてしまうのです。

自分のペースを超えてまで、がんばってしまうのです。

そのために、体調を崩したり、場合によっては、精神的にうつ状態になったりします。

そうなれば、「がんばりたくても、がんばれない」「動きたくても、動けない」ということにもなりかねないのです。

心身ともに健康な状態であってこそ、「すぐ動く」ということが可能です。

心も体も元気であってこそ、自分の人生を築き上げていくことができるのです。

そして、健康のために大切なことは、無理をせずに、自分のペースを守って生きていく、ということなのです

がんばりすぎは、元気をなくす結果につながります。

第8章
自分に暗示をかけて、すぐ動く

暗示の力を利用して、「すぐ動く人」になっていく

◆「私はグズではない」と、自分自身で思い込む

人の脳は意外と暗示にかかりやすいことがわかっています。

自分で「こうだ」と思い込むと、本当にその気になって積極的な行動力を発揮できるようになるのです。

次のような実験があります。

小学校の生徒を対象に、ある知能テストを実施しました。

その後、ある生徒たちを選び出して、「君たちは、知能テストの結果、将来的に大きく成績を伸ばす可能性がある」と告げました。

そして、その生徒たちを集めて特別教室を作り、授業を受けさせました。

しかし、その生徒たちには、実際には「将来的に大きく成績を伸ばす可能性がある」という科学的な根拠などまったくなかったのです。

その生徒たちは、まったく適当に選び出された子供たちにすぎませんでした。もちろん成績の悪い生徒たちもいました。

しかし、それにもかかわらず、その生徒たちのほとんどが成績を伸ばしました。

その生徒たちは、いわば暗示にかかってしまったのです。

先生から「君たちの成績は将来的に大きく伸びる」と言われて、自分自身もその気になって、真剣に勉強に取り組むようになったのです。

「すぐ動く人」になるためにも、この暗示を利用する方法があります。

みずから自分に、

「私はグズな人間ではない。積極果敢《かかん》に行動する人間だ」

と言い聞かせるのです。そして、みずから、そう思い込むのです。

その結果、本当に「すぐ動く」ということができるようになります。

「前向きな言葉」に潜んでいるパワーを利用する

◆「私は意欲的な人間だ」と、毎日自分に言い聞かせる

みずから自分に自己暗示をかける際に、有効な武器になるのは「言葉」です。

日本では「言霊《ことだま》」とも言います。

日本人は、古い時代から、「言葉には、ある霊的なパワーがひそんでいる」と信じてきました。

現代人も、意識するしないにかかわらず、心のどこかでは、言葉が持っているそんな霊的なパワーを信じているのではないでしょうか。

そのような言葉が持つ不思議なパワーを利用して、「すぐ動く人」になることも可能です。

その結果、何事にも積極的に行動する人間になれるのです。

「私は意欲的な人間だ」

「私は生きることを楽しんでいる」

「私は仕事を楽しんでいる」

「周りにいる人たちは、みんな私を応援してくれている」

「私は夢を叶えられる人間だ」

このように、気持ちが前向きになる言葉を自分に語りかけるようにします。

そうすると、そんな「前向きな言葉」の中にひそんでいるパワーが、自分の心の中に注入されてくるのです。

そして、それが「すぐ動く力」になっていきます。

仕事でも、プライベートの生活でも、意欲的に、積極的に行動していけるようになるのです。

積極的に行動することで、充実した人生を築き上げていくことができるようになると思います。

自分に暗示をかけるとは、「強く断言する」ということである

◆自信のない言い方ではなく、自信を持って断言する

「自己暗示」のことを、英語で、「アファメーション（affirmation）」と言います。

この、「アファメーション」という言葉には、同時に、「断言する」という意味があります。

つまり、プラスの言葉で自分に良い暗示をかけようという時には、「断言する言葉」を使うことがより効果的な方法になります。

たとえば、「もしも、うまくいったらいいなあ」という、あいまいな言葉では、自己暗示の効果は薄いのです。

「必ずうまくいく！」と断言することで、強い自己暗示の効果が生まれます。

そして、自信を持って、すぐ動き出す、ということも可能になるのです。

「失敗するはずがない！」

「私なら、だいじょうぶだ！」

「必ず、やって見せる！」

「成功するのは間違いない！」

「いい未来が待っている！」

そんなプラスイメージのある言葉を「断言する」ということで、より強く自分に良い自己暗示をかけることができるのです。

「もしも、うまくいったらいいなあ」という言い方をしがちな人は、きっと、自信がないのでしょう。

しかし、あいまいな言い方をしていても、強い自信は生まれません。

断言してこそ、強い自分が生まれます。

その結果、前に向かって力強く動き出すことができるのです。

マイナスの口ぐせのために、グズな人になっていく

◆「後ろ向きな言葉」は、口にしないようにする

「すぐ動けない人」に特徴的に見られる口ぐせがあります。

「後でいいや」

「明日やればいい」

「面倒臭い」

「やりたくない」

「どうせうまくいかない」

「どうせ予定通りにいかない」

「また、損をする」

「どうして私がやらないといけないんだ」

このような「後ろ向きな言葉」ばかり使っていると、やらなければならないことがあっても、体がなかなか動きません。

したがって、グズグズばかりしていることになります。

「言葉」というものは、いい意味でも、悪い意味でも、自分に暗示をかけてしまうものなのです。

プラスの言葉を使えば、心にプラスの暗示がかかります。

しかし、マイナスの言葉を使ってしまうと、心にはマイナスの暗示がかかってしまうのです。

ですから、**マイナスの言葉は、できるだけ使わないように留意しておく**ことが大切です。

「後でいいや」「面倒臭い」といった言葉ばかり使っていると、「すぐ動けない性格」からいつまでも抜け出せなくなります。

「失敗した」を「勉強した」と言い直してみる

◆「うまくいかない方法を発見した」と考えてみる

アメリカの発明家であるトーマス・エジソン（19～20世紀）は、蓄音機や映写機や白熱電球など、現代の文明社会の基礎となるような様々な発明をしました。

しかし、発明を成功させるために、数限りない失敗もしました。

エジソンの輝かしい成功の陰には、多くの失敗があったのです。

たくさんの失敗を重ねたおかげで、エジソンは成功をつかむことができたのです。

ただし、そんなエジソン自身は、「私は失敗した」とは考えていませんでした。

エジソンは、次のように述べています。

「失敗したわけではない。誤りを犯したのではない。私は、勉強したのだ（意訳）」

「私は失敗したことがない。ただ、数多くの、うまくいかない方法を発見したのだ」

（意訳）

もし、「失敗した」と言ってしまったら、そこで精神的に落ち込んで、次のチャレンジへ向かってすぐに行動を開始することができなくなってしまうかもしれません。

したがって、エジソンは、「勉強した」「うまくいかない方法を発見した」と、前向きな言葉を使ったのです。

そのように前向きな言葉を使うことで、意欲を保てるのです。

そして、次のチャレンジへ向かって、すぐに動き出すこともできるのです。

エジソンは、また、**「成功するためにもっとも確実な方法は、常にもう一度だけチャレンジすることだ」**とも述べています。

その「もう一度だけチャレンジする」ための意欲と行動力を作り出すのが、「勉強した」「うまくいかない方法を発見した」という言葉だったのです。

このような前向きな言葉を使うのも、「すぐ動く」ためのコツの一つです。

良いイメージを持つことで、すぐ動けるようになる

◆すばらしい仕事をして賞賛されている自分をイメージする

「言葉」は、自分に暗示をかける効果的な武器になります。

それと同様に、**「イメージ」**も、みずからに良い暗示をかけるという意味で効果があります。

たとえば、**寝る前に、「心地よく、満足している自分の姿」をイメージしてみます。**

そのようなプラスのイメージが、プラスの暗示を作り出します。

「私にはすごい力があり、その力を持ってすれば、どんなことでもアッという間にうまくやりこなしていける」といったように思えてくるのです。

それが、やる気をかき立てます。

そして、行動力を生み出します。

明日への仕事へ向かって、すぐ動き出すということを促すのです。

この他に、次のようなイメージを持つことが、「すぐ動く」ということに役立ちます。

・いい仕事をして、みんなから称賛されている自分をイメージする。

・お客さんや取引先から、「ありがとう」と感謝されている自分をイメージする。

・優秀な成績を上げて、会社から表彰されている自分をイメージする。

・満足のいく結果を出した後、力強く次の仕事に動き出す自分をイメージする。

また、一仕事終えた後に、自分へのご褒美《ほうび》として温泉旅行へ行くことを計画し、**「ゆったりと温泉につかっている自分をイメージする」**ということでもいいでしょう。また、自分へのご褒美として、**「美味しいものを食べている自分をイメージする」**のもいいでしょう。

そのようなプラスのイメージを持つことで、意欲と行動力が増してきます。

そして、「すぐ動く」ということも可能になってくるのです。

過去の成功体験を思い出して、自分への自信を生み出す

◆子供の頃に、親からほめてもらったことを思い出してみる

「すぐ動く」ための自己暗示の方法の一つに、「過去の成功体験を思い出す」というものがあります。

過去の成功体験を思い出すことで、自分への自信が生まれます。

そして、その自信が、力強く「すぐ動く」ということを促してくれるのです。

「過去の成功体験」とは、どのようなことでも構いません。

もちろん、**「良い仕事をして、称賛された」**といった過去の体験を思い出してもいいのです。

ただし、仕事のことのみならず、たとえば、若い頃の成功体験を思い出すのでもい

いのです。

・成績がアップして、親からほめられた。
・運動会で一等賞を取った。
・描いた絵が、コンテストで入賞した。
・大学受験に合格した。

このような過去の成功体験を思い出すことで、「私は人の役に立つ存在だ」「私は人を喜ばすことができる」「私には能力がある」「過去うまくいったはずだから、今度もうまくいくはずだ」といった前向きでポジティブな暗示を、自分自身にかけることになります。

それが、自分への自信を生み出すことにつながります。

たとえ現在困難な状況にあるとしても、それを乗り越えるために、すぐに動き出すことができるのです。

「行動力がある人」のイメージと自分自身を重ね合わせる

◆自分にとってのヒーローのイメージを思い浮かべてみる

自分に暗示をかける方法の一つに、「憧れの人」や「自分にとってのヒーロー」をイメージして、そのイメージと自分を重ね合わせる、というものがあります。

ある男性は、大きなプロジェクトに取りかかろうという時には、「失敗したらどうしよう。うまくいかない場合は、私が責任を追及される」という不安から、身がすくむような思いがすることがあると言います。

身がすくんでしまって、すぐに動き出すことができなくなってしまうのです。

そんな時は、彼は、昔の上司のことを思い出します。

その上司は現在は他の部署へ移動してしまって、彼の直属の上司ではないのですが、今も彼の「憧れの人」であり、また自分の永遠の「ヒーロー」であることに変わりはないのです。その昔の上司は、とても行動的な人でした。

プレッシャーのかかる、どんなに大きな仕事に対しても、ひるむような人ではありませんでした。

積極的に行動し、バリバリと問題を解決していく人でした。

彼は自分が身がすくむような気持ちになった時には、その昔の上司が働いている様子を思い出してみるといいます。

そして、彼は、その昔の上司のイメージと自分自身を重ね合わせてみるのです。

すると、勇気がわいてきて、自分自身も、その昔の上司と同じように、ひるむことなく積極的に動いていくことができるようになるといいます。

対象は上司ではなく、映画やドラマの主人公でもいいのです。

つまり、**「憧れの人」や「自分のヒーロー」のイメージと自分を重ね合わせることも、「すぐ動く」ためのコツの一つになります。**

験《げん》かつぎで、強い勇気と行動力を呼び覚ます

◆大事な商談の前にはトンカツを食べてみる

自己暗示の方法の一つに**「験《げん》かつぎ」**があります。

「験かつぎ」とは、「何か縁起《えんぎ》のいいことをして、良い結果を期待する」ということです。

たとえば、ある人は、大事な商談をする時には、前日にトンカツを食べるようにしています。

トンカツの「カツ」は「勝つ」という言葉に重なることから、「トンカツを食べて、商談に勝つ」という験かつぎなのです。

彼はそんな験かつぎをすることで、勇気と自信を持つことができ、それが積極的な

行動力につながるといいます。

験かつぎも、良い自己暗示を引き出すための効果的な方法の一つになるのです。

戦国時代の武将たちも、戦《いくさ》へ出陣する際には、よく験かつぎをしたようです。

たとえば、強い武運をもたらしてくれるような神社や、あるいはお寺にお参りするようなことをよくしていました。

やはり、そんな験かつぎをすることで、戦への恐怖心を打ち払い、勇気を持って戦に臨めるようにしていたのです。

したがって、何か、**自分なりの験かつぎの方法**を持っておくのもいいと思います。

たとえば、次のようなことです。

- **ここ一番の大事なことがある時には、赤いネクタイを締める。**
- **大切な人と会う時には、その日の朝に元気が出る音楽を聴く。**

こんな験かつぎをすることで、勇気と積極的な行動力が生まれます。

「鏡に向かって笑いかける」ことが、プラスの自己暗示になる

◆毎朝鏡で「明るく笑っている自分」を確認する

次のような話があります。

ある会社の社長は、昔、経営危機に陥ったことがありました。

ある日の朝、洗面台の鏡に映った自分の顔を見て、彼は驚いてしまいました。とても重苦しそうな表情をしていたことに気づいたのです。

経営危機の中で苦労しているうちに、無意識のうちに、表情まで重苦しそうになっていたのです。

その日までは、自分でもそれに気づかずにいたのです。

しかし、彼は、「こんな重苦しそうな表情をしていたら、事態は改善しない。それど

ころか、ますます悪化していくばかりだ」と思いました。

そして、それからは、朝洗面台の前に立つ時には、鏡に向かって満面の笑みでニッコリ笑うように心がけるようにしたのです。

すると、だんだん気持ちが前向きになってきました。

やがて、積極果敢な行動力も出てきました。

その結果、どうにか経営危機を脱することができたのです。

このケースでは、「鏡に映った、笑顔の自分を見る」ということが、プラスの自己暗示として働いたと思います。

明るく笑っている自分の笑顔を、鏡を使ってみずから確認することで、「必ずうまくいく。私は元気だ。どうにかなる」という自己暗示が働いたのです。

この社長のように、「毎日鏡に向かって明るく笑いかける」ということも、「すぐ動く」ためのきっかけになると思います。

第9章
「すぐ動く」ためのきっかけを作る

元気のいい掛け声をかけて、自分に気合いを入れる

◆何かを始める時には、掛け声をかけてからする

ちょっとした工夫で、「すぐ動く」ためのきっかけを作ることができます。

たとえば、**「さあ、やるぞ」**と掛け声を出すことです。

元気な声で「さあ、やるぞ」と声を出すことで、勢いをつけて動き出すことができます。

野球やサッカーなどのチームスポーツでは、試合の前にスクラムを組んで、「さあ、がんばろう」などといった声をみんなで出し合っている光景をよく見ます。

また、柔道や相撲《すもう》などの個人競技でも、始まる前に、**「よしっ！」**と声を出して、自分に気合いを入れている人もいます。

いずれにしても、声を出すことによって勢いをつけ、試合で積極的にプレーできるようにしていると思います。

一般の人たちも、たとえば朝、これから仕事を始めようという時に、

「さあ、やるぞ！」

「始めるぞ！」

「今日も一日、がんばろう！」

といった、気持ちが前向きになるような掛け声を出してもいいと思います。

そこで心身ともにシャキッとします。

これも、「すぐ動く」ということの一つのコツになると思います。

自分なりに、これから何か始めようという時に、自分に気合いをいれるための掛け声を何か作っておいてもいいでしょう。

掛け声をかけることが「すぐ動く」ということにつながるのです。

行き詰まった時は、とにかく体を動かしてみる

◆あれこれ考えずに、散歩や体操をする

心理学に**「作業興奮」**という言葉があります。

「作業」とは、「体を動かして何かをする」ということです。

「興奮」という言葉は、つまり、「心身が活性化して、やる気が出る」ということです。

体の働きと、脳や心の働きとは連携し合っています。

体の働きが停止した状態では、脳や心の働きもだんだんと弱まってくるのです。

そんな時には、少し体を動かしてみるといいのです。

そうすれば、脳や心の働きも活性化してきます。

それが「作業興奮」と呼ばれる現象なのです。

たとえば、仕事で行き詰まったとします。

何か良い打開策はないかと、デスクに座ったまま、あれこれ考え続けます。

しかし、「デスクに座り続ける」というのは、ある意味、「体の動きを停止する」ということになります。

そのために、頭と心の働きも悪くなって、ますます良いアイディアは思い浮かばず、意欲も失われていく、ということになりかねないのです。

したがって、そういう場合には、**少し体を動かして何かする**ほうがいいのです。

たとえば、散歩です。

その場で、軽い体操をする、というのでもいいしょう。

そのように体を動かすことで、頭と心の働きが活性化します。

「作業興奮」の心理効果が得られるのです。

その結果、いいアイディアが浮かび、行き詰まった状況を打開するためにすぐ動き出す、ということも可能になります。

話し合いは「立ってする」ほうが効率的である

◆座って話し合うのではなく、立って話し合う

最近、立って会議をする会社が増えてきている、といいます。

会議といえば、従来は座ってするものでしたが、それを立って行うのです。

というのも、立って会議を行うほうが、活発にいろいろな意見が出て、結論が出る時間も短縮される、ということです。

心理学の実験にも次のようなものがあります。

ある課題について、複数の人たちで討論をしてもらいました。

あるグループでは、座りながら話し合ってもらいました。

もう一方のグループでは、立ちながら話し合ってもらいました。

そうすると、立ちながら話し合ったグループのほうが、活発に意見が出され、結論を得る時間も早かった、というのです。

このような結果が出た理由には、心理学でいう「作業興奮」の影響があったと思います。

座って話し合うよりも、立って話をする時のほうが、体の動きは活発になります。手を動かしたり、体の向きを変えたり、足の動きも多くなるでしょうし、人によっては歩きながら何かを説明するということもあるでしょう。

この心理学の実験では、立ちながら話し合ったグループの人たちがそのように体を動かすことで、頭と体の動きも活発になり、盛んに意見が出て、また結論を出すのも早くなったのです。

そういう意味では、**人と何かを話し合うという時は、あえて立ってする**、という方法もあると思います。

そのほうが、話し合いをまとめるのが早いのです。

また、まとまった結論を実行するために動き出すのも早くなります。

ぼんやりテレビを見ていると、やる気がなくなる

◆特に冬場は、意識して体を動かすように心がけるのがいい

たとえば、次のようなことがあります。

ちょっとテレビを見てから、「家事をしよう」「勉強をしよう」、あるいは自宅で仕事をしている人であれば、「仕事を始めよう」……と思います。

しかし、しばらくソファに寝っ転がってテレビを見ているうちに、体を動かすことが面倒になっていきます。家事や勉強や仕事をする意欲もなくなって、そのままグズグズとテレビを見続けてしまう、ということになってしまいます。

なぜ、そのようになってしまうのかと言えば、やはり心理学でいう「作業興奮」の法則が働いてしまうからなのです。

体の動きを停止していると、脳や心の働きまで悪くなっていくのです。

そのために「体を動かすのが面倒だ」「家事も勉強も仕事もしたくない」という気持ちになっていきます。

したがって、**何かを始めようという時には、軽く体を動かすのがいい**のです。

それが、すぐに動き出すきっかけとなります。

精神医学には、**「冬季うつ」**という言葉もあります。

寒い冬には、往々にして、家に閉じこもってジッとしている、ということが多くなりがちです。暖房の利いた部屋で、それこそソファに寝っ転がってテレビを見ている、ということもよくあります。

しかし、体を動かさないことが原因で、精神的に落ち込んでいったり、体の調子が悪くなったりします。それが「冬季うつ」と呼ばれる症状です。

冬場は特に、何かを始めようとする時には、体を動かすことを心がけるのが良いのです。それも「すぐ動く」ためのコツになります。

元気一杯の人の近くにいると、自分も元気になっていく

◆行動力がある人と一緒になって行動してみる

心理学に、**「心理的感染効果」**という言葉があります。

たとえば、身近にうれしそうにしている人がいたとします。

そうすると、自分まで、なぜか、うれしい気持ちになってきます。

また、近くにいる友人が、マンガを読みながら、おかしそうに笑っていたとします。

そうすると、自分はそのマンガを読んでいるわけではないのですが、その友人につられる形で、自分までおかしくなってきて笑ってしまいます。

このように他人の心理状態が、自分にも影響してくることがよくあるのです。

他人の「うれしい」「おかしい」という感情に自分まで「感染」してしまうのです。

それが、「心理的感染効果」と呼ばれるものです。

この「心理的感染効果」は、「すぐ動く」ためのきっかけを掴《つか》む方法の一つとして利用できると思います。

たとえば、「なんとなく、やる気が出ない。やることはあるのに、体が動かない」という時があります。

そういう時には、意欲的に、また行動的にバリバリ生きている人に会いに行きます。

そして、話をします。それだけでも、その**相手の溌剌《はつらつ》とした、元気一杯の意欲や行動力が、自分にも「感染」してくる**のです。

自分も「やってやるぞ。がんばろう」という気持ちになってくるのです。

そして、そのために、すぐ動き出すこともできるようになります。

身近に行動的な人がいない場合は、テレビや映画、本の中に登場してくる人物でもよいのです。

自分なりの「報酬効果」によって、やる気を高めていく

◆一仕事終えた時には、がんばった自分に「報酬」を与える

心理学に、**「報酬効果」**というものがあります。

何かをやり遂げた後に、何か報酬が得られるとわかっていると、その人のやる気が増します。

また、積極的な行動力が生まれます。

「報酬」というと金銭的な意味にとられてしまいがちですが、この場合、金銭的な意味だけを指しているのではありません。

たとえば、「休暇」も、人の意欲や行動力を高める報酬になります。

プレッシャーのかかる仕事が精神的な重荷になって、やる気が出ない時があります。

また、すぐに仕事に取りかかれない時もあります。

そんな時は、「とにかくこの仕事をやり終えたら、温泉へ行こう」と考えます。

そうすると、「この仕事を終えたら、ゆっくりできる」ということが励みになって、やる気が出てくるのです。

「すぐに仕事に取りかかって、早くこの仕事を終わらせてしまおう」という気持ちにもなってきます。

これも「報酬効果」の一つです。

したがって、**やる気が出ないという時には、自分なりに仕事を終えた時の「報酬」を考えて、それを励みにするのがいい**でしょう。

具体的には、「休養を取る」「家族で旅行に行く」「コンサートへ行く」「前から欲しいと思っていたものを買う」といったようなことです。

曖昧《あいまい》な締め切りではなく、明確な締め切りを設定する

◆時間的な締め切りは、明確にしておくほうがいい

次のような話があります。

ある会社で、社員の残業時間が多い、ということが問題になりました。

社員がダラダラと仕事をしているために、定時で仕事を終わらすことができず、遅い時間まで残業をする社員が多かったのです。

そこで、社長は、「できるだけ残業を減らそう。できるだけ定時で仕事を終わらせるようにしよう」という方針を打ち出しました。

しかし、効果はなく、社員の残業時間はあまり減らなかったのです。

そこで今度は、「残業時間はゼロにする。全員が定時までに仕事を終わらせることに

する。どうしても残業しなければならない日があるとしても、週に三日以上残業することは禁じる」という明確な方針を打ち出しました。

そうしたところ、社員たちは、定時までに仕事を終わらせようと一生懸命働くようになり、実際に、残業時間も減ったと言うのです。

「明確な締め切りを設定する」ということで、人の意欲は高まります。

また、行動力も促されます。

そして、短い時間であっても、集中して物事を進められるようになります。

逆に時間的な余裕がありすぎると、やる気が出ないのです。

しかも行動力が鈍《にぶ》るのです。

これを心理学では、**「締め切り効果」**と呼んでいます。

大切なことは、「できるだけ〜しよう」という曖昧《あいまい》な目標ではなく、「何時までに仕事を終わらせる」という明確な締め切りを打ち出すことです。

これも「すぐ動く」ためのコツとして参考になる話だと思います。

明日まで、その熱意を持続させるための方法とは？

◆時間がなくても、取っ掛かりだけはつけておく

「鉄は熱いうちに打て」という格言があります。

「思い立ったが吉日《きちじつ》」ということわざもあります。

英語のことわざには、**「今日できることを、明日まで先延ばしてはいけない」**というものもあります。

いずれにしても、「何か『やりたい』という熱意を感じた時には、その熱い思いが冷めないうちに、すぐに行動に移すことが大切だ」ということを言い表しています。

やりたいことがあるというのに、「明日から始めればいいや」と先延ばしにしてしまったら、その間にやる気がなくなってしまうこともあります。

「やりたい」という熱意は、グズグズしている間に、どんどん失われていってしまうのです。

したがって、やりたいことがあった時は、その実現のために「すぐ動く」のがいいのです。

そうすることで、その熱意を持続していくことができます。

とは言っても、とりあえず今やらなければならないことがあって、すぐに取りかかれない、という場合もあるかもしれません。

ただし、そういう場合であっても、**少しの時間でも、その「やりたいこと」のために何かしておくのが良い**と思います。

「やりたいこと」についていくつか情報を集めておいたり、誰かに相談してみたり、その「やりたいこと」をメモしておく、ということだけでもいいのです。

そのような取っ掛かりをつけておくだけでも、熱意は持続します。

時間ができた際に、その「やりたいこと」をすぐに再開することができます。

「最後心」を持って、一日一日を大切にしていく

◆「私の人生、今日が最後だとしたら?」と考えてみる

「最後心《さいごしん》」という言葉があります。

これも「すぐ動く」ための大切なコツになります。

「最後心」とは、簡単に言えば、**「今日を、自分の人生の最後の日である、と考える」**ということです。

もちろん実際には、今日という日が「人生最後の日」になるわけではありません。

ここで大切なことは、そういう「意識を持つ」ということなのです。

「今日が私の人生の最後になる」という意識を持つ、ということなのです。

そう考えることで、「今日という日を大切に生きなければならない」という気持ちが

生まれます。

仮に、今日という日が、自分の人生の最後の日になると考えたとします。

自分に残された時間は、あまりありません。

そうなると、人は誰でも、「時間を無駄遣いできない。今日という日を大切に使って、自分が一番やりたいと思っていることをしよう」と考えます。

そして、その**「自分が一番やりたいこと」**に向かって、すぐに動き出します。

ボヤボヤしている暇などないのです。

そして、実際に、今日という日の中で、満足のいく大きなことを成し遂げられることにもなるでしょう。

「最後心」とは、日々、自分が一番やりたいと思っていることを自覚し、そのために積極的に行動し、そして充実した日々を積み重ねていく、ということのために大切な心がけになるのです。

日々、最後心を持って生きていくことで「すぐ動く」ということができます。

植西 聰（うえにし・あきら）

東京都出身。著述家。
学習院大学卒業後、資生堂に勤務。
独自の『成心学』理論を確立し、人々を明るく元気づける著述を開始。
一九九五年（平成七年）、「産業カウンセラー」（労働大臣認定資格）を取得。

〈主な著書〉

・折れない心をつくるたった１つの習慣（青春出版社）
・平常心のコツ（自由国民社）
・「いいこと」がいっぱい起こる！ブッダの言葉（三笠書房・王様文庫）
・話し方を変えると「いいこと」がいっぱい起こる（三笠書房・王様文庫）
・ヘタな人生論よりイソップ物語（河出書房新社）
・カチンときたときのとっさの対処術（ＫＫベストセラーズ）
・運がよくなる１００の法則（集英社・be文庫）

〈近著〉

・引き寄せのコツ（自由国民社）
・柔軟心をつかう習慣（三五館）
・運命の人とつながる方法（文響社）

すぐ動《うご》くコツ

フットワークが軽くなる93のきっかけ

二〇一七年（平成二十九年）九月三十日　初版第一刷発行
二〇一七年（平成二十九年）十月十三日　初版第二刷発行

著　者　植西　聰
発行者　伊藤　滋
発行所　株式会社自由国民社
東京都豊島区高田三―一〇―一一
〒一七一―〇〇三三　http://www.jiyu.co.jp/
振替〇〇一〇〇―六―一八九〇〇九
電話〇三―六二三三―〇七八一（代表）

造　本　ＪＫ
印刷所　新灯印刷株式会社
製本所　新風製本株式会社